高等职业教育工程造价专业工学结合"十三五"规划教材

工程造价专业毕业设计指导

主　编　孙　巍　邓京闻　张晓波
主　审　孙光远

WUHAN UNIVERSITY PRESS
武汉大学出版社

图书在版编目(CIP)数据

工程造价专业毕业设计指导/孙巍,邓京闻,张晓波主编.—武汉:武汉大学出版社,2016.8

高等职业教育工程造价专业工学结合"十三五"规划教材

ISBN 978-7-307-18550-0

Ⅰ.工… Ⅱ.①孙… ②邓… ③张… Ⅲ.工程造价—毕业设计—高等职业教育—教学参考资料 Ⅳ.TU723.3

中国版本图书馆 CIP 数据核字(2016)第 203490 号

责任编辑:邹 莹 责任校对:杜筱娜 装帧设计:吴 极

出版发行:**武汉大学出版社** (430072 武昌 珞珈山)
(电子邮件:whu_publish@163.com 网址:www.stmpress.cn)
印刷:虎彩印艺股份有限公司
开本:787×1092 1/16 印张:12.5 字数:237 千字
版次:2016 年 8 月第 1 版 2016 年 8 月第 1 次印刷
ISBN 978-7-307-18550-0 定价:35.00 元

前　言

毕业设计是检验学生在大学期间学习的系统性、综合性的最后一个实训环节，它不同于单课程的实训只检查单一的或单项的知识点，而是检验学生在本专业领域对所学知识的综合运用。为使学生踏入社会后能零距离上岗，毕业设计是教师的最后一次综合教学辅导，也是学生在校期间最后一次全方位的有辅导的实战训练。

本书将本专业的培养计划、要求、着重点作了叙述，对设计的各个环节的任务要求、教师的指导方法、最终考核标准均作了较精确的量化，是学生的重要指导书，也是教师的参考书。

本书由湖南城建职业技术学院孙巍、湖南理工职业技术学院邓京闻、湖南城建职业技术学院张晓波担任主编，湖南理工职业技术学院侯文静、陈斯、谭勇、彭文阁、吕爽、陈莲、章纯及湖南城建职业技术学院刘运生、贾亮、刘璨等参加了全书的编写。湖南理工职业技术学院孙光远担任本书主审。

本书在编写过程中，参考了相关的资料，在此对相关作者表示感谢。由于时间仓促，编写内容难免有不足之处，敬请广大读者批评、指正。

编　者

2016 年 7 月

目　录

模块一　工程造价专业的培养要求

一、学制、学历、招生对象

学制:三年制。

学历:专科。

招生对象:普通高中、职业高中、中专、技校毕业生。

二、就业面向

(一)毕业生就业领域

面向建设单位,设计单位,房地产开发企业,施工企业,工程造价咨询、招标代理、工程监理、工程项目管理等机构。

(二)毕业生从事工作岗位

1.基础岗位。

本专业毕业生可以从事的主要职业是造价员,相近的职业岗位有资料员、施工员。

2.专业拓展岗位。

本专业毕业生从事工程造价工作满 5 年后,可参加全国注册造价师考试,通过考试并注册后,可从事注册造价师的工作。

3.岗位描述。

(1)造价员(预算员)岗位描述。造价员(预算员)的岗位描述见表 1-1。

表 1-1 造价员(预算员)岗位描述

专业:工程造价
职业:造价员(预算员)
任务描述:协助注册造价工程师进行项目的成本(投资)控制,力求项目在预定的成本(投资)目标内建成,负责编制项目的标后预算及工料分析成本核算,编制对建设单位的结算和编审工程分包、劳务分包的月报、年报及结算;熟悉图纸,参加图纸会审并发现、提出问题;参与施工预算,建立项目的预算台账,并填报有关报表;参与施工结算,参与劳务分承包合同的评审,参与编制工程量清单及清单报价
工作条件:获得相应资格证书及相应的岗前培训
员工的前提条件:具有工程预(结)算和工程招(投)标的相关知识;具有经济管理、建筑与经济法规、施工组织与管理知识;熟悉有关定额、规范、标准、图集;了解工程造价信息管理知识,具有相关专业基本知识,具有编制施工图预算、施工预算、成本核算的能力;具有编制工程量清单和工程量清单计价的能力

(2)资料员岗位描述。资料员的岗位描述见表 1-2。

表 1-2 资料员岗位描述

专业:工程造价
职业:资料员
任务描述:执行工程施工质量验收标准和施工规范,负责施工过程材料设备、工序、分项分部工程的资料整理,对施工过程的工程资料质量负有直接责任;负责工程材料与设备资料的收集与整理工作,如有关技术资料的收集与整理,对进入施工现场的材料或设备报验资料的收集与整理,对现场二次抽样送检资料的收集与整理;对本工程项目施工过程的工序、分项、分部、单位工程等资料进行收集与整理;工程资料整理应符合施工质量验收标准、施工规范、建筑工程档案管理、地方城建管理与工程质量监督部门、设计图纸、国家标准及有关技术资料要求;报验资料应及时、准确,并定期向有关领导、部门反映,工程资料应按时反映工程产品信息
工作条件:获得相应资格证书及相应的岗前培训
员工的前提条件:熟悉《中华人民共和国建筑法》《城市建设档案管理规定》等法规知识,熟悉国家有关工程质量施工验收规范、标准;掌握建筑工程信息管理的基本知识,掌握有关材料设备质量、材质、产品性能特点,掌握施工安装、工艺要求、生产制作、工艺等方面的知识;具备基本专业知识;能够制定相应的资料收集整理、保管制度;具有一定的工程资料收集整理、编写能力;所编工程资料能及时、真实地反映工程项目的质量、进度、投资等信息,并能符合国家规范、地方城建管理与工程质量监督部门的要求

（3）施工员岗位描述。施工员的岗位描述见表1-3。

表1-3 施工员岗位描述

专业：工程造价
职业：施工员
任务描述：贯彻和执行与工程有关的施工质量验收标准和施工规范、管理体系文件、施工组织设计（含质量计划）和施工工艺标准，按设计施工图纸和技术文件资料组织施工，力求分管项目的进度、质量、安全和环保等目标的实现；合理安排工序，协调作业交叉，严密组织施工，及时签发施工任务书，并进行相关的技术、安全、环保交底，根据实际完成情况，做好各种报量、报表；组织班组开展自检活动，主持工序交接检查等；负责组织预检工程和隐蔽工程验收，参加检验批、分项分部工程及竣工工程的质量验收；详细记录施工日志，及时办理现场签证；负责工程交付前的成品保护
工作条件：获得相应资格证书及相应的岗前培训
员工的前提条件：具有相关专业的基本知识，熟悉有关施工质量验收标准、规范、图集和基础定额知识；具有施工技术、施工组织与管理知识；具有建筑法规基本知识；具有进行相关技术、安全、环保交底的能力；熟悉施工工艺，能够进行施工组织活动，具有一定的组织、协调和管理能力

三、人才培养目标与规格

（一）人才培养目标

培养适应社会主义市场经济需要，面向建设单位的设计单位的施工企业，工程造价咨询、招标代理、工程监理、工程咨询或工程造价管理等单位的工程造价岗位，在牢固掌握工程造价基础理论和专业技术的基础上，从事设计概算、施工图预算、工程量清单、投标报价、工程结算编制等工作，能吃苦耐劳、具有奉献精神的高级技术人才。

（二）人才培养规格

1.基本素质。

思想素质：科学的世界观、人生观、价值观，良好的职业道德。

身体素质：健康的体魄，良好的心理。

文化素质：必要的人文社会科学知识、良好的语言表达能力和社交能力，熟练的计算机应用能力，健全的法律意识，有一定的创新精神和创业能力。

专业素质：具有一定的工程技术知识，扎实的识图能力和工程量计算能力，熟练的工程造价计价能力和控制能力，一定的工程索赔能力和合同管理能力，能用计算机熟练地编制预结算和工程投标报价的能力。

2.知识要求。

理解常用建筑、装饰材料及制品的名称、规格性能、质量标准、检验方法、储备保管、使用等方面的知识;了解投影原理,熟悉《建筑制图标准》(GB/T 50104—2010)和建筑施工图的绘制方法,理解工业与民用建筑、结构的一般构造;了解一般工业与民用建筑主要分部分项工程的施工工艺、程序、质量标准;了解建筑工程室内给排水、供暖、电气照明工程主要设备的性能、系统组成、工作原理和施工工艺。

理解统计学的一般原理,掌握建筑统计的基本方法;了解经济法的基础知识,理解与建筑市场相关的常用建设、经济法规。

熟悉会计要素的构成,会计原理、基本方法和程序;理解建筑企业资产、负债、所有者权益、收入、损益的核算方法,工程、产品、作业成本的计算方法和财务报表的编制方法;了解建筑企业财务管理的基本知识和基本方法。

了解管理原理,掌握建筑工程项目管理的一般内容和方法;理解建筑工程施工组织设计的内容和编制方法。

3.能力要求。

能结合建筑工程施工生产活动过程,从事工程造价计价和控制工作,参与工程项目管理,完成工程索赔及工程结算等工作。

能运用市场经济、建筑经济基本原理分析和解决工程造价管理工作中的一般问题;能进行建筑统计主要指标的计算和初步分析;能在工程造价管理工作中依法办事。

掌握建筑工程定额的原理和应用方法,掌握建筑、装饰、安装工程预算和结算的编制程序和方法,掌握建设工程工程量清单计价的理论与方法,掌握工程造价电算化的方法,熟悉工程招标投保的程序,熟悉工程造价控制的基本方法。

能熟练地使用预算定额,编制工程预算;能熟练地应用消耗量定额编制工程量清单报价;掌握工程造价应用程序,会用计算机编制预算、工程量清单报价;能熟练地完成工程投标报价的各项工作;能熟练地处理工程索赔方面的各项工作;会编制工程结算。

能运用财务会计方面的知识进行工程成本分析和处理工程造价方面的经济问题。

能参与企业基层组织经营管理和施工项目管理。

4.职业态度。

具有良好的职业道德和诚信品质,较强的敬业精神和责任意识,较好的团队协作能力,吃苦耐劳、勤奋好学、实干创新精神。

四、毕业标准

本专业学生毕业时必须达到以下要求。

1.学分要求。

总学分要求达到137学分。其中必修课122学分,专业限选课5学分,专业选修拓展课4学分,任选课6学分。

2.职业资格证书要求:本专业毕业生应取得必要的职业资格证书。

(1)必考证书:计算机辅助设计绘图员(建筑CAD中级或BIM)证书。

(2)选考证书:施工员证书、资料员证书、监理员证书。

3.其他要求。

(1)参加专业顶岗实习不少于19周(一学期),且实习成绩合格。

(2)毕业设计、答辩合格。

(3)获得高职院校计算机应用能力考试合格证书。

五、课程体系与核心课程

(一)课程体系模块

1.公共素质模块。

按照人才培养总体方案所要求的公共素质执行后,具有建设工程项目管理及技术经济的基本知识;具有相关的专业知识、施工技术与施工组织知识;熟悉有关验收标准、施工规范,具有建筑法规基本知识;熟悉相关工程施工质量验收标准和规范,具备基本专业知识和管理知识;熟悉操作规程和施工工艺,熟悉土建风、水、电的常用材料和设备知识。

(1)显性课程说明。

显性课程是学校开设的正式课程、公开课程、官方课程,如建筑构造与识图、项目管理及技术经济等专业基础课程及建筑工程预算、建筑装饰预算、安装工程预算等核心专业课程,为实现一定的教育目标而正式列入学校教学计划的各门学科,以及有目的、有组织的课外活动。它按照编制的课表实施,是教材编辑、学校施教、学生学习和考核的依据之一。

(2)隐性课程说明。

隐性课程是非正式课程、潜在课程、隐蔽课程,指学校通过教育环境有意或无意传递给学生的非公开性的教育影响。如青年志愿者活动,在活动过程中,使学生形成正确的人生观、价值观、世界观,提高学生的责任意识、创新意识,使学生形成良好的心理素质和抗压能力。

2.专业核心能力模块。

专业核心能力分析与相应的课程设置见表1-4。

表 1-4   专业核心能力分析与课程设置

核心能力	核心能力分析	课程设置
基本职业能力	1.具有较高的政治觉悟与良好的道德修养。 2.具有较强的语言表达能力和文字表述能力。 3.具有经济数学知识的综合运用能力。 4.具有英语基本的听、说、读、写能力。 5.具有一定的社交能力与组织能力。 6.具有较强的敬业精神与团结协作意识。 7.具有良好的身体和心理素质	毛泽东思想概论、马克思主义基本原理、英语、高等数学、体育、大学人文基础、财经应用文、公关礼仪、书法、艺术欣赏、演讲与口才、建设法规
识图与制图能力	1.具备正确应用正投影的理论及作图方法的能力,有较强的空间思维能力。 2.具备正确绘制和识读一般工业与民用建筑土建工程施工图的能力。 3.具备正确绘制和识读一般给排水、照明电气设备安装工程施工图的能力。 4.具备正确绘制和识读一般公路工程和中小型桥涵工程施工图的能力。 5.具备运用计算机编制工程竣工资料、正确绘制竣工图的能力	建筑识图与构造、建筑结构基础识图、建筑设备安装识图与施工工艺、建筑 CAD
建筑材料检验能力	1.具备常用建筑材料、水暖电材料的品种、规格、质量标准等知识。 2.具备进行一般建材试验,并分析和填写试验报告的能力。 3.具备按经济、合理的原则选用建筑材料及制备的能力。 4.具备处理工程实际中的材料运输、材料保管问题的能力	建筑与装饰材料
办公自动化操作能力	1.具备计算机软、硬件维护的基本知识和应用能力。 2.具备 Windows 2000、Excel 2000、Word 2000 的应用能力和编制与管理各种办公文件与报表的能力。 3.具备 Internet 的设置与连接、电子邮件收发的能力。 4.具备上网查询并下载相关资料的能力。 5.具备 Internet 网页设计、制作和使用的能力	计算机应用基础、办公自动化

续表

核心能力	核心能力分析	课程设置
工程预算编制能力	1.具备正确使用现行工程预算定额、施工定额、概算定额的能力。 2.具备正确应用工程定额和工程量清单计价相关规范的规定,以及准确计算工程量、正确编制工程量清单的能力。 3.具备熟练编制单位工程施工图预算的能力。 4.具备正确编制单位工程竣工资料、办理工程竣工结算、审查竣工结算的能力。 5.具备应用计算机软件编制建筑装饰工程预算的能力	建筑识图与构造、建筑结构基础识图、建筑与装饰施工工艺、建筑工程预算、建筑装饰工程预算、应用计算机编制预算

3.通用能力模块。

按照人才培养总体方案要求的通用能力执行后,本专业还需加强的通用能力如下。

(1)显性课程说明。

显性课程说明见表1-5。

表1-5　　　　　　　　　　　　　　显性课程说明

序号	课程名称	课程目标	课程方式	课时安排
1	大学英语(含听力)	1.具备一定的英语听、说能力。 2.具备正确书写英语应用文的能力	校内集中训练	理论64 实践32
2	体育与健康	1.具有一定的体育、卫生和军事基本知识。 2.掌握科学锻炼身体的基本技能,养成良好的体育锻炼和卫生习惯,达到国家规定的高职学生体育和军事训练合格标准。 3.具有健康的身体和心理素质	校内集中训练	理论10 实践118
3	信息化办公技术	1.掌握计算机的基本组成和基本工作原理。 2.在Windows系统熟练进行Office办公软件的操作	校内集中训练	理论32 实践32

序号	课程名称	课程目标	课程方式	课时安排
4	高职应用数学	掌握导数和定积分的计算方法	校内集中训练	理论40 实践32

（2）隐性课程说明。

英语演讲：由院系学生会组织,锻炼学生英语口语能力。

各类体育比赛：提高学生的团队意识和拼搏精神,培养学生良好的心理素质和抗压能力。

计算机操作技能比赛：提高学生的计算机操作能力,使学生能熟练使用计算机工作。

4.专业方向能力模块。

专业方向能力分析与课程设置见表1-6。

表1-6　　　　　　　　　　　　专业方向能力分析与课程设置

专业方向能力	能力分析	课程设置
建筑、装饰工程预算编制能力	1.具备正确使用现行建筑、装饰工程预算定额、施工定额、概算定额的能力。 2.具备正确应用建筑、装饰工程定额和工程量清单计相关价规范的规定,以及准确计算工程量、正确编制工程量清单的能力。 3.具备熟练编制单位工程施工图预算的能力。 4.具备正确编制单位工程竣工资料、办理工程竣工结算、审查竣工结算的能力。 5.具备应用计算机软件编制建筑装饰工程预算的能力	建筑识图与构造、建筑结构基础识图、建筑与装饰施工工艺、建筑工程预算、建筑装饰工程预算、应用计算机编制预算

续表

专业方向 能力	能力分析	课程设置
安装工程预算编制能力	1.具备正确使用现行安装工程预算定额、安装定额基价表的能力。 2.具备正确应用水电安装工程预算定额和工程量清单计价相关规范的规定,以及准确计算工程水暖电安装工程量、编制工程量清单的能力。 3.具备熟练编制水暖电安装工程施工图预算的能力。 4.具备正确编制水暖电安装工程竣工资料、办理工程竣工结算、审查竣工结算的能力。 5.具备应用计算机软件编制水暖电安装工程预算的能力	建筑识图与构造、建筑设备安装识图与施工工艺、建筑设备安装工程预算、应用计算机编制预算
工程项目管理能力	1.具备工程招投标法规和程序等方面的知识和参与工程投标的能力。 2.具有参与工程施工承包合同管理的能力。 3.具备进行施工项目成本控制、成本核算管理的能力。 4.具备工程造价确定与控制的能力。 5.具备参与组织工程竣工验收、整理工程竣工资料、绘制竣工图的能力	建筑工程经济、财务与会计基础、工程项目施工组织与进度管理、建筑企业经营管理、工程招投标与合同管理、工程造价确定与控制、建设工程监理概论、施工项目成本管理

5.人文素质模块。

(1)素质教育。

本课程通过讲授成功与成长、礼貌与礼仪、心理健康与学习、身体健康与发展、就业指导与服务、法律咨询与服务、现代企业员工素养,培养学生的基本素养,使学生掌握通用能力。

(2)应用文写作。

通过该课程的学习,学生应掌握公务文书、事务文书和经济文书三大类文书写作的基本要领和要求,了解这些文书的制作程序。通过应用文的写作训练,学生可提高多种应用文体写作的能力,重点掌握工作计划、总结、会议记录、产品说明书、合同、招投标标书的写作技巧,了解市场调研报告、可行性报告写作要领,提高学生的综合文化素质。

（3）职场交流与表达。

本课程的讲授,紧密联系高职学生的文化基础与能力现状和未来职场的需要,采用模块式教学,包括高职阅读、职场写作、职场沟通、职场礼仪和职场文化等模块。通过本课程的学习,学生能提高职场表达能力及交流与沟通能力,提高职业素养、人文素质,促进社会适应性和可持续发展能力。

（4）信息化办公技术。

通过本课程的学习,学生应了解计算机的工作原理及软硬件组成,了解计算机病毒、网络及计算机安全等基础知识,掌握 Windows 操作系统及计算机的基本操作,具备一定的计算机应用和日常维护能力。

（二）课程体系结构

课程体系结构如图 1-1 所示。

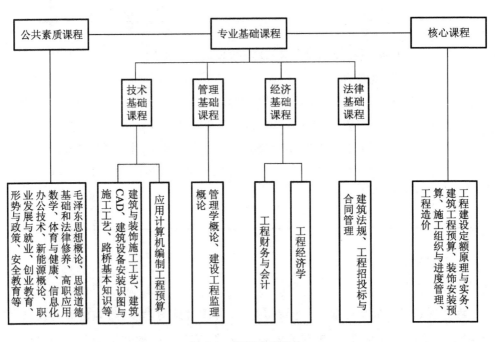

图 1-1 课程体系结构

（三）实践教学体系（职业能力训练体系）

实践教学体系见表 1-7。

表 1-7 **实践教学体系**

编号	主要职业能力	能力训练项目名称	能力目标	训练方式	学时/学分
1	参观建筑工程、房地产、物业等项目	认识实习	熟悉相关专业基础知识	企业分散训练	28/1
2	房屋建筑水电安装识图能力	建筑设备安装识图	掌握水电安装的基本工艺,具备建筑水电安装施工图的识读能力,能根据施工图计算工程量	校内集中训练	28/1
3	房屋建筑施工图识图能力	建筑识图与构造	了解建筑的一般构造要求,具备建筑施工图的识读能力和绘制能力	校内集中训练	28/1
4	一般结构设计识图能力	建筑结构基础与识图	了解建筑结构的基本类型和设计方法,具备一定的结构设计能力和结构施工图识读能力	校内集中训练	28/1
5	计算机绘图能力	建筑 CAD	掌握计算机绘图软件的使用,能用常用软件熟练绘制建筑图纸	校内集中训练	28/1
6	掌握建筑施工工艺	建筑施工技术	掌握建筑施工的基本施工工艺,能根据施工图纸计算各单项工程的工程量	校内集中训练	28/1
7	单位工程建筑工程预算的编制能力	建筑工程预算	能根据施工图纸合理编制建筑工程预算文件	校内集中训练	56/2

续表

编号	主要职业能力	能力训练项目名称	能力目标	训练方式	学时/学分
8	单位工程施工组织设计编制能力	工程项目施工组织与进度管理	能根据施工图纸合理编制施工组织设计	校内集中训练	28/1
9	招标文件、投标文件的编制能力	工程招投标与合同管理	掌握招投标的一般程序,了解建筑法规的一般知识,能独立编制招投标文件	校内集中训练	28/1
10	水电安装工程预算的编制能力	建筑设备安装工程预算	能根据水电施工图合理编制预算文件	校内集中训练	56/2
11	单位建筑装饰工程预算的编制能力	建筑装饰工程预算	掌握建筑装饰施工图的识读方法,能根据装饰施工图编制装饰预算	校内集中训练	56/2
12	计算机编制文件能力	应用计算机编制工程概预算	能运用计算机软件完成概预算文件的编制	校内集中训练	28/1
13	预算综合能力	毕业设计与答辩	能独立完成单位工程的预算文件编制	校内集中训练	140/5
14	课堂知识与实践结合能力	毕业实习	能运用所学知识完成企业所交的任务	企业集中训练	532/19

（四）专业核心领域课程

专业核心领域课程见表1-8。

表 1-8　　　　　　　　　　　　　　**专业核心领域课程**

序号	课程名称	主要内容与要求	技能考核项目与要求	学时/学分
1	建筑与装饰施工工艺	基本内容：土方工程、砌体工程、钢筋混凝土工程、结构安装工程、屋面工程、装饰工程施工工艺。 基本要求：理解一般工业与民用建筑各重要分部分项工程施工程序、工艺、方法、质量标准和施工要求	考试与实训	56/3
2	工程建设定额原理与实务	基本内容：施工过程及其划分，工作时间及其划分，技术测定法，人工定额、材料消耗定额、机械台班定额、企业定额、预算定额、概算定额编制。 基本要求：熟悉施工过程及其划分、工作时间及其划分的方法，掌握技术测定法，掌握人工定额、材料消耗定额、机械台班定额、企业定额、预算定额、概算定额编制方法	考试与实训	42/2
3	建筑工程预算	基本内容：建筑工程造价、建筑工程定额、施工图预算、竣工结算。 基本要求：了解建筑工程造价基本原理，掌握预算定额的使用方法，掌握建筑工程预算的编制程序和方法，根据有关资料熟练地编制建筑工程预算；了解企业定额的应用，能熟练应用企业定额控制工程造价及编制工程投标报价	考试与实训	78/4
4	建筑装饰工程预算	基本内容：装饰工程预算定额、装饰工程量计算、装饰工程施工图预算编制。 基本要求：熟练使用装饰工程预算定额，掌握装饰工程量计算方法，掌握装饰工程施工图预算编制方法	考试与实训	40/2

序号	课程名称	主要内容与要求	技能考核项目与要求	学时/学分
5	建筑设备安装工程预算	基本内容：安装工程预算定额、电气设备安装工程施工图预算、水暖安装工程施工图预算、通风空调安装工程施工图预算。 基本要求：熟练使用安装工程预算定额，掌握电气设备安装工程施工图预算、水暖安装工程施工图预算、通风空调安装工程施工图预算编制方法	考试与实训	40/2
6	工程造价确定与控制	基本内容：决策阶段工程造价控制、设计阶段工程造价控制、实施阶段工程造价控制、竣工验收阶段工程造价控制。 基本要求：了解决策阶段工程造价控制的方法，熟悉设计阶段工程造价控制的方法，掌握实施阶段、竣工验收阶段工程造价控制的方法	考试与实训	40/2
7	应用计算机编制工程概预算	基本内容：应用计算机编制工程概预算的基本思路，建筑装饰工程预算软件，水电安装工程预算软件，钢筋下料与工程量自动计算软件系统。 基本要求：了解"电算预算"的软件系统，掌握计价软件、"钢筋下料"与"自动计算工程量"的操作方法，能熟练编制单位建筑工程施工图预算和室内给排水与照明电气工程预算，能应用软件系统进行钢筋工程量计算	考试与实训	20/1
8	工程项目施工组织与进度管理	基本内容：流水施工、网络计划技术、单位建筑工程施工组织设计、施工项目进度控制与管理等基本知识。 基本要求：了解施工组织设计基本知识、流水施工与网络计划的基本原理，熟悉基本建设程序和施工程序，掌握单位建筑工程施工进度计划的编制方法，掌握单位建筑工程施工平面图的绘制方法，具备编制单位建筑工程施工组织设计并组织实施的能力，具备从事施工项目现场管理的能力	考试与实训	56/3

序号	课程名称	主要内容与要求	技能考核项目与要求	学时/学分
9	工程招投标与合同管理	基本内容：工程招投标制度（《中华人民共和国招标投标法》）、工程承包合同签订与工程承包合同的管理、工程施工索赔基本知识。 基本要求：理解工程招投标制度，熟悉工程招投标法，掌握工程招投标的方法及工程投标标书的编制方法，理解合同管理的概念，熟悉工程承包合同的种类及基本内容，掌握工程承包合同的签订、履行与管理，了解工程施工索赔的概念、索赔的原因、索赔的方法	考试与实训	39/2

模块二　工程造价专业毕业设计工作程序

一、毕业设计准备阶段

学生根据毕业设计指导书的选题和指导教师的安排,做好如下准备:了解课题的名称;熟悉施工图纸;调查了解与招投标相关的资料;收集相关的工具书,包括设计规范、清单计价规范、施工规范、消耗量定额、工程估价表、标准图集、相关的造价文件和有关材料的市场价格等。同时了解毕业设计的进度安排和答辩时间。

(一)相关表格的准备

根据多年的教学经验及对毕业生毕业设计抽查的要求,本书列出一些参照表格(表 2-1～表 2-10),供各位教师和学生参考及选用。

表 2-1　　　　　　　　　　届学生毕业设计课题征集表(教师用)　　　　年　月　日

指导教师姓名		职称	
		联系方式	
企业专家		职称	
		联系方式	
课题名称			
设计类型		实用专业	
课题来源			
课题主要内容			

预期结果	
专业负责人审核意见	
院(系)部审核意见	

注:1.设计类型指产品设计类、工艺设计类、方案设计类。

    2.课题来源:(1)教师科研题;(2)生产实际题;(3)模拟或虚构题;(4)学生自选题。

表 2-2   _____届学生毕业设计选题申请表(学生用)   年 月 日

专业			班级	
学生姓名		联系电话		
		E-mail		
拟选题目				
指导教师 1		联系方式		
指导教师 2 （企业）		联系方式		
		企业名称		
指导教师对学生选题意见				
系审查意见				

说明:学生本人初选毕业论文(设计)题目后填报此表,指导教师根据选题进行初审和修改,经相应系审批后正式

    确定题目,并由指导教师填写"毕业论文(设计)任务书"下达给学生。

表 2-3

_____院（系）　　　　　_____届学生毕业设计汇总表（院系填写）　　　　　填报日期：　年　月　日

序号	学生姓名	班级	学制	专业代码	专业名称	设计类型	毕业设计选题	开题时间	结题时间	指导教师	企业教师	备注

说明：1. 填表时请分专业、分班级详细填写。

2. 设计类型指产品设计、工艺设计或方案设计。

3. 学制请填三年制、五年制。

4. 在备注中注明：超前毕业或延期毕业等。

填表人：　　　　　　　　审核人：

表 2-4　　　　　　　　　　　**毕业设计任务书**

系部		专业		班级	
学生姓名		学号		E-mail	
指导教师 1		联系方式			
指导教师 2		联系方式			
毕业设计题目				毕业设计类型	

一、毕业设计目标

二、毕业设计任务

三、毕业设计步骤与时间安排

阶段	阶段内容	起止时间
1	形成个人选题提纲	
2	着手收集资料,并报送提纲审定	
3	集中指导与个别指导,提交初稿审查	
4	修改,经审稿后定稿交稿	
5	答辩与鉴定	

四、成果表现形式

指导教师:　　　　　　专业负责人:　　　　　　院(系)负责人:

表 2-5 毕业设计真实性承诺及指导教师声明

学生毕业设计真实性承诺书

本人郑重承诺：所提交的毕业设计是本人在教师的指导下，独立进行研究所取得的成果，内容真实、可靠，不存在抄袭、造假等学术不端行为。除文中已经注明引用的内容外，本设计不含其他个人或者集体已经发表或者撰写过的研究成果。对本文的研究作出重要贡献的个人和集体，均已在文中明确注明。如果发现设计中存在抄袭、造假等学术不端行为，本人愿承担相应的法律责任和后果。

学生：(签名)

年 月 日

指导教师关于学生毕业设计真实性审核声明

本人郑重声明：已经对该生的毕业设计所涉及内容进行严格审查，确定文中所涉及的成果均由该生在本人的指导下取得，对他人论文及成果的引用已经明确注明，不存在抄袭、造假等学术不端行为。

指导教师：(签名)

年 月 日

表 2-6 毕业设计方案书

系部		专业		班级	
学生姓名		学号		E-mail	
指导教师		企业指导教师			
毕业设计题目				毕业设计类型	

1. 设计思路

2. 技术路线

3. 工具设备要求

4. 技术规范

5. 指导教师意见

指导教师签名：

年　月　日

6. 系部(教研室)意见

负责人签名：

年　月　日

表 2-7   **毕业设计成果报告书**

系部		专业		班级	
学生姓名		学号		E-mail	
指导教师		企业指导教师			
毕业设计题目				毕业设计类型	

1. 毕业设计的过程

2. 毕业设计的收获

3. 作品(产品)特点

4. 作品(产品)创新点

5. 指导教师意见

指导教师签名：

年　月　日

6. 系部(教研室)意见

负责人签名：

年　月　日

表2-8 **毕业设计指导教师评阅表**

系部		专业		班级			
学生姓名		学号		指导教师			
毕业设计题目				毕业设计类型			
评阅项目	具体要求					权重	得分
选题	重点评价毕业设计选题的专业性、实践性和工作量					10	
设计实施	1.评价毕业设计项目实施中技术路线的可行性、设计过程的完整性和设计依据的可靠性					10	
	2.按期圆满完成规定的任务,工作量饱满,任务难度较大;工作努力,遵守纪律;工作作风严谨、务实					20	
分析与解决问题的能力	能运用所学知识和技能去发现与解决实际问题;能对设计进行理论分析,得出有价值的结论					10	
成果质量	以学生毕业设计形成的最终技术文件为主要考察对象,重点评价设计技术文件的规范性、技术方案的科学性和技术设计的创新性,以及文字表述及图表质量等					50	
总评成绩							
总体评价:(对评阅项目进行简要说明,对是否同意参加答辩作出明确说明)							

评阅教师签名:

年 月 日

表 2-9 毕业设计答辩记录表

系部		专业		班级		
学生姓名		学　号		指导教师		
毕业设计题目				毕业设计类型		
评价项目	具体要求				权重	得分
选题	重点评价毕业设计选题的专业性、实践性和工作量				10	
设计实施	1.评价毕业设计项目实施中技术路线的可行性、设计过程的完整性和设计依据的可靠性				10	
	2.按期圆满完成规定的任务,工作量饱满,任务难度较大;工作努力,遵守纪律;工作作风严谨、务实				10	
分析与解决问题的能力	能运用所学知识和技能去发现与解决实际问题;能对设计进行理论分析,得出有价值的结论				10	
成果质量	以学生毕业设计形成的最终技术文件为主要考察对象,重点评价设计技术文件的规范性、技术方案的科学性和技术设计的创新性				30	
答辩情况	1.阐述课题的设计思路、主要依据、结论、体会和改进意见				10	
	2.回答问题的准确性、敏锐性、全面性,语言表达能力,逻辑条理性				20	
总评成绩						

答辩评价与结论

答辩成绩:　　　　　　　　　　　　　　答辩组教师(三人以上)签名:

　　　　　　　　　　　　　　　　　　　　　　副教授签名:

　　　　　　　　　　　　　　　　　　　　　　　年　月　日

学生回答问题记录表

注:本表一式两份,一份系部留存,一份存学生档案。

表 2-10 毕业设计扉页

毕业设计(论文)

题　　目：

年级专业：

学生姓名：

指导教师：

企业教师：

年　　月　　日

（二）相关资料的准备

1. 施工图纸。

根据教学大纲的要求，结合建筑工程招投标的实际，施工图纸建议为一个中小型建筑，一般为4～7层的住宅楼、别墅、办公楼或者教学楼等。图纸应包括完整的建筑施工图、结构施工图及设备安装施工图。

2. 工具书及资料准备。

（1）《房屋建筑与装饰工程工程量计算规范》（GB 50854—2013）。

（2）《通用安装工程工程量计算规范》（GB 50856—2013）。

（3）《××省建设工程计价办法》。

（4）《××省建筑工程消耗量标准》。

（5）《××省建筑装饰装修工程消耗量标准》。

（6）《××省安装工程消耗量标准》。

（7）现行标准图集。

（8）现行设计规范、施工及验收规范、质量评定标准、安全操作规程等。

二、毕业设计文件编制阶段

（一）施工图预算文件的编制

施工图预算文件编制应做到以下几点。

（1）收集基础资料，做好准备。主要收集编制施工图预算的编制依据，包括施工图纸、有关的通用标准图、图纸会审记录、设计变更通知、施工组织设计、预算定额、取费标准及市场材料价格等资料。

（2）熟悉施工图等基础资料，主要熟悉并检查施工图纸是否齐全、尺寸是否清楚，了解设计意图，掌握工程全貌。另外，针对要编制预算的工程内容搜集有关资料，包括熟悉并掌握预算定额的使用范围、工程内容及工程量计算规则等。

（3）了解施工组织设计和施工现场情况。应了解施工组织设计中影响工程造价的有关内容，如各分部分项工程的施工方法，土方工程中余土外运使用的工具、运距，施工平面图对建筑材料、构件等堆放点到施工操作地点的距离等，以便能正确计算工程量和正确套用或确定某些分项工程的基价。这对正确计算工程造价、提高施工图预算质量有着重要意义。

（4）计算工程量并汇总工程量、套预算定额基价组表。计算应严格按照图纸尺寸和现行定额规定的工程量计算规则，遵循一定的顺序逐项计算分项子目的工程量。计算各分部分项工程量前,最好先列项,也就是按照分部工程中各分项子目的顺序列出单位工程中所有分项子目的名称,再逐个计算其工程量。这样,可以避免工程量计算中出现盲目、零乱的状况,使工程量计算工作有条不紊地进行,也可以避免漏项和重项。

1.建筑工程及建筑装饰装修施工图预算文件的编制。

(1)分别计算建筑工程土建、装饰清单工程量。①统计门窗构件。②计算基数三线一面:外墙外边线、外墙中心线、内墙净长线、建筑面积(包括底层建筑面积、标准层建筑面积、突出物建筑面积)。③列项列式,分别计算土建、装饰两种计价模式下的工程量。包括土(石)方工程的工程量,基础工程的工程量,混凝土和钢筋混凝土的工程量,砌筑工程的工程量,厂库房大门、特种门、木结构工程的工程量,金属结构工程的工程量,屋面及防水工程的工程量,防腐隔热保温工程的工程量,楼地面工程的工程量,墙柱面工程的工程量,天棚工程的工程量,门窗工程的工程量,油漆涂料裱糊工程的工程量,其他工程的工程量。④计算并汇总工程量。

(2)工程量清单计价。包括封面,投标总价,工程计价总说明、单项工程费汇总表,工程计价汇总表,分部分项工程和措施项目计价表,其他项目清单计价表,规费项目计价表,主要材料、工程设备一览表等。

(3)注意事项。在编写文件时应注意统一的项目编码、项目名称、计量单位及工程量计算规则。

2.安装工程施工图预算文件的编制。

(1)计算安装工程中各类工程的工程量及汇总。主要包括电气设备安装工程工程量,静置设备与工艺金属结构制作安装工程工程量,消防工程工程量,给排水、采暖、燃气工程工程量,通风空调工程工程量,自动化控制仪表安装工程工程量,通信设备及线路工程工程量,建筑智能化系统设备安装工程工程量等。

在计算工程量时应注意项目名称与预算定额子目口径相一致,工程量计算必须遵循工程量计算规则,必须按定额套价项目分别计算工程量,必须按规定的计量单位计算工程量,必须按一定的精度要求计算工程量。

(2)工程量清单计价。包括封面,投标总价,工程计价总说明、单项工程费汇总表,工程计价汇总表,分部分项工程和措施项目计价表,其他项目清单计价表,规费项目计价表,主要材料、工程设备一览表等。

(3)注意事项。在编写文件时应注意统一的项目编码、项目名称、计量单位及工程量计算规则。

(二)招标文件的编制

招标文件是指招标人向投标人提供的具体项目招投标工作的作业标准性文件。它阐明了招标工程的性质,规定了招标程序和规则,告知了订立合同的条件。招标文件既是投标人编制投标文件的依据,又是招标人组织招标工作、评标、定标的依据,也是招标人与中标人订立合同的基础。因此,招标文件在整个招标过程中起着至关重要的作用。

学生应根据施工图及项目的基本要求,本着公平互利的原则编制招标文件,务必使招标文件严密、周到、细致、内容正确。

招标文件的种类有很多,如施工招标文件、监理招标文件、材料招标文件、设备招标文件、勘察招标文件、设计招标文件、测量招标文件等。本书建议要求学生编制施工招标文件。

施工招标文件在本书模块三中有示范文本供参考、使用,其中大部分通用条款都可以直接套用,部分特征性条款则需要修改和补充。修改和补充的方法和要求如下。

1.紧贴招标项目的特征。如市政工程的招标文件就要体现出市政工程的特点,房建工程的招标文件就要体现出房建工程的特点。

2.符合现行的法律法规规定。

3.合理、明确地表达招标目的、程序和方法。

4.直观、可操作性强。

5.各条款的规定具有唯一性、准确性、无歧义性。

(三)施工组织方案编制

施工组织方案是用来指导施工项目全过程各项活动的技术、经济和组织的综合性文件,是施工技术与施工项目管理有机结合的产物,它能保证工程开工后施工活动有序、高效、科学、合理地进行,并安全施工。施工组织方案一般分为如下几个部分。

1.封面及目录。

2.编制依据。

3.工程概况。

4.施工部署。

5.施工进度计划。

6.施工准备与资源配置计划。

7.主要施工方案(分部分项施工方法及工艺要求)。

8.施工现场平面布置。

9.进度管理计划(措施)。

10.质量管理计划(措施)。

11.安全管理计划(措施)。

12.环境管理计划(措施)。

13.成本管理计划(措施)。

14.其他管理计划(措施)。

在实际工程中,根据工程所处位置、合同要求等情况,可增设管理措施(计划),如绿色施工管理计划、防火保安管理计划、合同管理计划、总承包管理计划、质量保修管理计划、施工平面布置管理计划、成品保护计划等。

三、顶岗实习阶段

顶岗实习是工程造价专业教学计划规定的重要教学环节,在学完本专业全部课程之后,学生到相关企事业单位参与与专业相关的技术工作或技术管理工作,其目的如下。

1.使学生熟悉职业环境,了解从事本行业需要具备的各方面知识和技能。培养学生将所学的理论知识应用于实践,在实习单位通过向有经验的工程师学习,不断提升自身素质,使学生能够顺利适应职业环境,熟练掌握本专业岗位所需技能,具备明显的专业特长和良好的职业道德。

2.检查学生在德、智、体、美、劳等方面是否达到培养目标的要求。

3.接触实际,开阔眼界,收集毕业设计的有关资料,为毕业设计的完成奠定基础。

（一）顶岗实习现场工作的步骤与要求

由于学生实习岗位的不同,本书对顶岗实习只提出与专业相关的建议性要求与步骤,供各院校教师与学生参考。

1.学习与工程开工准备有关的内容。

（1）掌握工程开工前期工作的内容。

（2）了解招投标的程序和方法,阅读并理解工程招投标标书及相关资料的具体内容。

（3）了解工程合同的内容和签字审批程序,搜集工程合同样本。

（4）了解工程开工应具备的条件和必须办理的开工手续,以及开工报告的内容和审批程序。

（5）了解施工准备工作的内容。

2.参加工程招(投)标或预(结)算的编制工作。

（1）熟悉施工地区的现行定额和取费标准,掌握相关清单计价规范。

（2）熟悉工程量清单的编制及工程预(结)算的计算程序和方法。

（3）编制一个单位工程的投标报价或预(结)算。

（4）掌握工程的工料分析方法,对一个单位工程进行工料分析。

3.参与单位工程的施工组织设计(或施工方案)的编制。

(1)熟悉单位工程施工组织设计或施工方案的内容。

(2)掌握施工进度计划的编制方法。

(3)针对具体工程提出施工技术组织措施与安全措施。

(4)熟悉施工材料、劳动力、施工机具需用量计划和非标准构件加工计划的编制。

(5)掌握施工平面图的编制。

4.参与现场施工组织指导工作。

(1)在施工技术员的指导下,组织现场施工,处理施工中发生的技术和组织问题。

(2)熟悉工程任务单与限额领料单。

(3)参加图纸会审,熟悉技术交底与安全交底工作。

(4)熟悉施工过程中必须填报的各种表格。

(5)熟悉施工过程中与建设单位的签证工作。

5.参与施工管理工作。

(1)参与质量管理,熟悉工程质量评定标准和必须填报的质量评定表。

(2)参与安全管理,熟悉安全技术规程。

(3)参与计划管理,编制施工作业计划,熟悉施工统计报表。

(4)了解施工企业现代化管理方法。

6.了解工程竣工验收工作。

(1)了解工程竣工验收工作内容及交工验收的程序。

(2)了解工程竣工验收必须提交的图纸、资料和报表。

(二)顶岗实习文件的编制

学生在顶岗实习中应按照规定完成如下文件的编写。

1.顶岗实习周记。

在实习中,学生应将每周的工作、岗位实践等内容记入实习周记。实习周记是学生编写实习报告的主要资料依据,也是检查学生顶岗实习情况的一个重要方面。学生必须认真填写。

2.顶岗实习总结。

在顶岗实习结束后,学生应提交书面的、统一格式的顶岗实习总结。

3.顶岗实习网上资料。

学生顶岗实习周记应及时在网上填写,指导教师应及时批阅并答疑。学生应虚心、认真地接受企业兼职实习指导教师的指点,积极、主动地完成指导教师布置的各项任务,并经常与毕业设计指导教师保持联系。毕业设计指导教师应及时掌握学生顶岗实习的情况,并给出相关建议。

四、毕业设计成果评阅阶段

学生根据毕业设计进度安排表的时间节点,完成毕业设计文件编制的阶段成果后,应交给指导教师评阅。指导教师应从以下几个方面及时、认真地对毕业设计文件进行评阅。

1.毕业设计选题的专业性、实践性。

2.毕业设计项目实施的可行性、设计过程的完整性和设计依据的可靠性。

3.毕业设计文件中学生运用所学知识和技能去发现与解决实际问题的能力。

4.毕业设计技术文件的规范性、技术方案的科学性和技术设计的创新性,文字表述及图表质量等。

指导教师在评阅后应给出明确的意见,对于没有达到设计要求的文件应提出修改意见和完成时间,督促学生按时、按要求修改。

五、毕业答辩及成绩评定阶段

(一)毕业答辩阶段

工程造价专业的毕业答辩指导小组由各学院根据毕业设计的学生人数安排2～3人组成,建议至少应该有本专业或者相关专业的高级职称一人,中级职称一人,具体人员由各学院自行确定。

毕业答辩是学生毕业设计的总结和回顾,要求学生做好下列工作。

1.编写毕业设计说明书,内容包括对毕业设计任务书的理解、毕业设计的总体思路、在设计过程中的参考资料及对有关问题的处理意见和毕业设计的体会,要求语言简练、步骤清晰。

2.将毕业设计任务书、毕业设计投标书和毕业设计说明书按照统一的要求装订成册。

3.参加毕业答辩,要求学生对毕业答辩做好充分的准备。在答辩时,首先简要地陈述毕业设计的课题名称、设计要求、设计思路及设计过程和设计成果,其次要准备回答答辩教师提出的与设计内容相关的问题。

4.毕业答辩按照模拟招投标的形式进行,学校按照要求由毕业答辩指导小组组成评标委员会。学生按照毕业设计的要求对投标文件进行装订,在开标前交毕业答辩指导小组(评标委员会),由评标委员会按照招标文件和评标办法评定投标书,毕业成绩由毕业答辩指导小组(评标委员会)根据投标文件和答辩情况进行评定。

(二)成绩评定阶段

毕业设计答辩指导小组(由三名以上指导教师组成)根据学生完成毕业设计和毕业答辩的情况,按相关标准评定学生的毕业设计成绩。答辩结束后,由答辩委员会根据学生毕业设计成果评阅成绩和毕业答辩成绩评出最后毕业设计成绩(有优、良、中、及格、不及格五等,答辩不合格者,总成绩评为不及格)。

模块三 工程造价专业毕业设计室内工作指导

项目一 建筑工程及建筑装饰装修工程施工图预算文件的编制

本书该项目中的任务一至任务二十四为定额工程量的计算,参照的标准是《湖南省建筑工程消耗量标准》(2014)、《湖南省建筑装饰装修工程消耗量标准》(2014)。其他各省可参照地区标准按书中步骤进行。

任务一 工程量基数的计算

基数是计算分项工程量时重复利用的数据,事先计算好这些数据,提供给后面计算工程量时重复使用,可以提高工程量的计算速度。运用统筹法计算工程量的基数主要是"三线"和"一面"。"三线"即为外墙中心线 $L_{中}$、内墙净长线 $L_{内}$ 和外墙外边线 $L_{外}$,"一面"即为建筑面积 S。

一、任务要求

能依据《湖南省建筑工程消耗量标准》(2014)中的计算规则计算工程量基数。

二、技能目标

能依据施工平面图、定额工程量计算规则准确计算工程量基数。

33

三、计算规则

1.单层建筑物的建筑面积应按其外墙勒脚以上结构外围水平面积计算,并应符合下列规定。

(1)单层建筑物高度在 2.20 m 及以上者应计算全面积,高度不足 2.20 m 者应计算 1/2 面积。

(2)利用坡屋顶内空间时,净高超过 2.10 m 的部位应计算全面积;净高为 1.20～2.10 m 的部位应计算 1/2 面积;净高不足 1.20 m 的部位不应计算面积。

2.单层建筑物内设有局部楼层者,局部楼层的二层及以上楼层,有围护结构的应按其围护结构外围水平面积计算,无围护结构的应按其结构底板水平面积计算。层高在 2.20 m 及以上者应计算全面积,层高不足 2.20 m 者应计算 1/2 面积。

3.多层建筑物首层应按其外墙勒脚以上结构外围水平面积计算,二层及以上楼层应按其外墙结构外围水平面积计算。层高在 2.20 m 及以上者应计算全面积,层高不足 2.20 m 者应计算 1/2 面积。

4.多层建筑坡屋顶内和场馆看台下,当设计加以利用时,净高超过 2.10 m 的部位应计算全面积;净高为 1.20～2.10 m 的部位应计算 1/2 面积;当设计不利用或室内净高不足 1.20 m 时不应计算面积。

5.地下室、半地下室(车间、商店、车站、车库、仓库等),包括相应的有永久性顶盖的出入口,应按其外墙上口(不包括采光井、外墙防潮层及其保护墙)外边线所围水平面积计算。层高在 2.20 m 及以上者应计算全面积,层高不足 2.20 m 者应计算 1/2 面积。

6.坡地的建筑物吊脚架空层、深基础架空层,设计加以利用并有围护结构的,层高在 2.20 m 及以上的部位应计算全面积;层高不足 2.20 m 的部位应计算 1/2 面积。设计加以利用、无围护结构的建筑吊脚架空层,应按其利用部位水平面积的 1/2 计算;设计不利用的深基础架空层、坡地吊脚架空层、多层建筑坡屋顶内、场馆看台下的空间不应计算面积。

7.建筑物的门厅、大厅按一层计算建筑面积。门厅、大厅内设有回廊时,应按其结构底板水平面积计算。层高在 2.20 m 及以上者应计算全面积,层高不足 2.20 m 者应计算 1/2 面积。

8.建筑物间有围护结构的架空走廊,应按其围护结构外围水平面积计算,层高在 2.20 m 及以上者应计算全面积;层高不足 2.20 m 者应计算 1/2 面积。有永久性顶盖、无围护结构的应按其结构底板水平面积的 1/2 计算。

9.立体书库、立体仓库、立体车库,无结构层的应按一层计算,有结构层的应按其结构层面积分别计算。层高在 2.20 m 及以上者应计算全面积,层高不足 2.20 m 者应计算 1/2 面积。

10.有围护结构的舞台灯光控制室,应按其围护结构外围水平面积计算。层高在 2.20 m 及以上者应计算全面积,层高不足 2.20 m 者应计算 1/2 面积。

11.建筑物外有围护结构的落地橱窗、门斗、挑廊、走廊、檐廊,应按其围护结构外围水平面积计算。层高在 2.20 m 及以上者应计算全面积,层高不足 2.20 m 者应计算 1/2 面积。有永久性顶盖、无围护结构的应按其结构底板水平面积的 1/2 计算。

12.有永久性顶盖、无围护结构的场馆看台应按其顶盖水平投影面积的 1/2 计算。

13.建筑物顶部有围护结构的楼梯间、水箱间、电梯机房等,层高在 2.20 m 及以上者应计算全面积;层高不足 2.20 m 者应计算 1/2 面积。

14.设有围护结构不垂直于水平面而超出底板外沿的建筑物,应按其底板面的外围水平面积计算。层高在 2.20 m 及以上者应计算全面积,层高不足 2.20 m 者应计算 1/2 面积。

15.建筑物内的室内楼梯间、电梯井、观光电梯井、提物井、管道井、通风排气竖井、垃圾道、附墙烟囱应按建筑物的自然层计算。

16.雨篷结构的外边线至外墙结构外边线的宽度超过 2.10 m 者,应按雨篷结构板的水平投影面积的 1/2 计算。

17.有永久性顶盖的室外楼梯,应按建筑物自然层的水平投影面积的 1/2 计算。

18.建筑物的阳台均应按其水平投影面积的 1/2 计算。

19.有永久性顶盖、无围护结构的车棚、货棚、站台、加油站、收费站等,应按其顶盖水平投影面积的 1/2 计算。

20.高低联跨的建筑物,应以高跨结构外边线为界分别计算建筑面积;其高低跨内部连通时,变形缝应计算在低跨面积内。

21.以幕墙作为围护结构的建筑物,应按幕墙外边线计算建筑面积。

22.建筑物外墙外侧有保温隔热层的,应按保温隔热层外边线计算建筑面积。

23.建筑物内的变形缝,应按其自然层合并在建筑物面积内计算。

24.下列项目不应计算面积。

(1)建筑物通道(骑楼、过街楼的底层)。

(2)建筑物内的设备管道夹层。

(3)建筑物内分隔的单层房间、舞台及后台悬挂幕布、布景的天桥、挑台等。

(4)屋顶水箱、花架、凉棚、露台、露天游泳池。

(5)建筑物内的操作平台、上料平台、安装箱和罐体的平台。

（6）勒脚、附墙柱、垛、台阶、墙面抹灰、装饰面、镶贴块料面层、装饰性幕墙、空调室外机搁板（箱）、飘窗、构件、配件、宽度在 2.10 m 及 2.10 m 以内的雨篷，以及与建筑物内不连通的装饰性阳台、挑廊。

（7）无永久性顶盖的架空走廊、室外楼梯和用于检修、消防等的室外钢楼梯、爬梯。

（8）自动扶梯、自动人行道。

（9）独立烟囱、烟道、地沟、油（水）罐、气柜、水塔、贮油（水）池、贮仓、栈桥、地下人防通道、地铁隧道。

25.建筑面积的补充规定。

（1）入户花园建筑面积分为两部分：①以栏杆或栏板的底板结构外边线 1.5 m 以内部分，按 1/2 面积计算建筑面积；②以栏杆或栏板的底板结构外边线超 1.5 m 部分，按全面积计算建筑面积。

（2）建筑物首层无围护结构的架空层，按建筑物柱或墙所围尺寸面积的 1/2 计算建筑面积。

任务二　土石方分部分项工程定额工程量计算

一、任务要求

能根据《湖南省建筑工程消耗量标准》（2014）列出需要计算的定额工程量的项目名称、计量单位，能依据《湖南省建筑工程消耗量标准》（2014）中的计算规则计算这些项目的工程量。

二、技能目标

能依据基础平面图、剖面图、定额工程量计算规则准确计算土石方分部分项工程工程量项目的定额工程量。

三、任务分解

1.对照图纸和《湖南省建筑工程消耗量标准》（2014）列出本工程中的项目名称。

2.依据图纸和《湖南省建筑工程消耗量标准》（2014）中的计算规则计算工程量，并准确填写计算单位。

四、计算规则

1.土方体积均以挖掘前的天然密实体积计算(另有注明者除外)。如为松散土方者,按以下规定处理:普通土折松方乘以系数 1.2,坚土折松方乘以系数 1.25。

2.平整场地及碾压工程量,按下列规定计算。

(1)人工平整场地是指建筑场地挖、填土方厚度在±30 cm 以内及找平。厚度超过±30 cm 时,其全部土方工程量按挖土方相应定额计算。

(2)平整场地工程量按建筑物外墙外边线每边各加 2 m,以平方米计算。

(3)建筑场地原土碾压以平方米计算,填土碾压按图示填土厚度以立方米计算。

3.挖掘沟槽、基坑土方工程量,按下列规定执行。

(1)沟槽、基坑划分。

①凡图示沟槽底宽在 3 m 以内,且沟槽长大于槽宽 3 倍以上的为沟槽;沟槽长小于槽宽 3 倍,且图示基坑底面积在 20 m² 以内的为基坑。

②凡图示沟槽度宽为 3 m 以外,坑底面积为 20 m² 以外,均按挖土方计算。

(2)计算挖沟槽、基坑、土方工程量需要放坡时,编制施工图预算参照表 3-1 规定计算。

表 3-1　　　　　　　　　　　　　　放坡系数表

土壤类别	放坡起点/m	人工挖土 (机械顺沟挖)	机械挖土	
			在坑内作业	在坑上作业
普通土	1.20	1:0.5	1:0.33	1:0.75
坚土	1.50	1:0.33	1:0.25	1:0.67

注:1.沟槽、基坑中土壤类别不同时,按不同类别土方厚度加权平均计算。

2.计算放坡时,在交接处的重复工程量不予扣除,原槽坑做基础垫层时,放坡自垫层上表面开始计算。

(3)挖沟槽、基坑需支挡土板时,其宽度按图示沟槽、基坑底宽单面加 10 cm、双面加 20 cm 计算;挡土板面积按槽、坑垂直支撑面积计算。支挡土板后,不得再计算放坡。

(4)基础施工所需工作面宽度按表 3-2 的规定计算。

表 3-2　　　　　　　　　　　基础施工所需工作面宽度计算表

基础材料	每边各增加工作面宽度/mm
砖基础	200

基础材料	每边各增加工作面宽度/mm
浆砌毛存条石基础	150
混凝土基础垫层支模板	300
混凝土基础支模板	300
基础垂直面做防水层	800（防水层面）

（5）挖沟槽长度，外墙按图示中心线长度计算，内墙按图示基础底面之间净长线长度计算，内外突出部分（垛、附墙烟囱等）体积并入沟槽土方工程量内计算。

（6）人工挖土方、槽坑凿石方深度超过消耗量标准子目规定深度的部分工程量，按每米折合水平运距 7 m 计算人工运输，按运距每增加 20 m 的项目增加人工。

（7）沟槽、基坑深度按图示槽、坑底面至外地坪深度计算，地沟按图示沟底至室外地坪深度计算。

（8）管道接口作业坑和沿线各种井室所需增加开挖的土石方工程量按管沟槽全部土石方量的 2.5％计算。

（9）独立基础、条基、管沟土方工程量在 300 m³ 以内的，执行人工挖槽坑土子目；工程量在 300 m³ 以上的，按槽坑小挖机挖土占 70％，人工挖土占 30％计算。

4. 岩石开凿及爆破工程量，区别石质按下列规定计算。

（1）人工凿岩石，按图示尺寸以立方米计算。

（2）爆破岩石按图示尺寸以立方米计算，其沟槽、基坑宽允许超挖量（基底不计）按被开挖坡面面积乘以如下数值以立方米计算：①Ⅲ级岩体为 200 mm；②Ⅱ、Ⅰ级岩体为 150 mm。超挖部分岩石并入岩石挖方量之内计算。

5. 回填土区分夯填、松填按图示回填体积并依下列规定以立方米计算。

（1）沟槽、基坑回填体积以挖方体积减去设计室外地坪以下埋设构件（包括基础垫层、基础等）体积计算。

（2）房心回填土按主墙之间的面积乘以回填土厚度计算。

（3）余土或取土工程量可按下式计算：

$$余土外运体积＝挖土总体积－回填土总体积$$

上式中，计算结果为正值时为余土外运体积，负值时为取土体积。

6. 土方运距按下列规定计算。

（1）推土机推土运距：按挖方区重心至回填区重心之间的最短距离计算。

（2）铲运机运土运距：按挖方区重心至卸土区重心加转向距离 45 m 计算。

（3）自卸汽车运土运距：按挖方区重心至填土区（或堆放地点）重心的最短距离计算。

任务三　地基处理和基坑支护分部分项工程定额工程量计算

一、任务要求

能根据《湖南省建筑工程消耗量标准》（2014）列出需要计算的定额工程量的项目名称、计量单位，能依据《湖南省建筑工程消耗量标准》（2014）中的计算规则计算这些项目的工程量。

二、技能目标

能依据基础平面图、基础剖面图、定额工程量计算规则准确计算地基处理和基坑支护分部分项工程工程量项目的定额工程量。

三、任务分解

1.对照图纸和《湖南省建筑工程消耗量标准》（2014）列出本工程中的项目名称。

2.依据图纸和《湖南省建筑工程消耗量标准》（2014）中的计算规则计算工程量，并准确填写计算单位。

四、计算规则

1.垫层：地面垫层按地面面积乘以厚度计算，基础垫层按实铺体积计算。垫层中均包括原土夯实。

2.砂、石灌注桩工程量小于 60 m³ 时，其人工、机械乘以 1.25。

砂、石灌注桩材料用量已包括充盈系数及材料损耗率、级配密实系数。

3.地基强夯按夯坑数计量，夯坑数均按设计规定计算。低锤满拍处理面积按强夯区域最外边夯点中轴线外移 1 m 确定的面积。

如设计只给定地基强夯面积，编制预算时可参考如下关系换算夯坑数：1000 kN·m、2000 kN·m、3000 kN·m 规格强夯机对应的坑点面积分别为 6 m²/坑、9 m²/坑、12 m²/坑。

4.注浆项目以实际注入水泥质量为计量单位。

5.锚喷支护。

（1）土钉、锚杆成孔，按土钉或锚杆伸入孔中长度另加 0.5 m 计算。

（2）钢筋（钢绞线）锚杆，按设计图示尺寸确定的质量以吨计算。

（3）喷护，按设计规定的展开面积以平方米计算。

任务四　桩基分部分项工程定额工程量计算

一、任务要求

能根据《湖南省建筑工程消耗量标准》（2014）列出需要计算的定额工程量的项目名称、计量单位，能依据《湖南省建筑工程消耗量标准》（2014）中的计算规则计算这些项目的工程量。

二、技能目标

能依据基础平面图、基础剖面图、定额工程量计算规则准确计算桩基分部分项工程工程量项目的定额工程量。

三、任务分解

1. 对照图纸和《湖南省建筑工程消耗量标准》（2014）列出本工程中的项目名称。

2. 依据图纸和《湖南省建筑工程消耗量标准》（2014）中的计算规则计算工程量，并准确填写计算单位。

四、计算规则

1. 预制钢筋混凝土桩。

（1）方桩沉桩，按桩尖入土深度乘以桩截面面积计算。

（2）管桩沉桩，按管桩入土长度（包括桩尖）计算。

（3）方桩接桩、电焊接桩，按设计接头以个计算；硫黄胶泥接桩，按桩断面以平方米计算。

（4）管桩做桩头的钢筋制作安装，按钢筋的相关子目执行，人工、机械乘系数 2.0；管桩钢材桩头，按小型钢构件子目执行。

（5）钢筋混凝土方桩的制作费用按相应项目执行。

2. 打孔灌注桩（含洛阳铲桩）。

（1）混凝土桩有承台者，按承台与桩的交界面到桩端（包括桩尖，不扣除桩尖虚体积）

的中轴线长度加超灌长度(超灌长度由设计明确,设计未明确时取0.5 m)乘以设计截面面积计算;没有承台的,按设计规定的桩长乘以设计截面面积计算。

打孔混凝土灌注桩、长螺旋混凝土灌注桩空灌部分费用计算,空灌工程量按相应桩子目(包括混凝土费用)执行,然后按以下办法扣除混凝土相应费用,即工程量按空灌体积执行该项子目。

(2)反复一次的桩长部分按上述方法计算的单桩体积乘以1.6计算工程量。

(3)打孔时先埋入预制混凝土桩尖再灌注混凝土者,桩尖按钢筋混凝土的相关规定计算体积。

3.大直径钻(冲)孔灌注桩。

(1)成孔和泥浆制作工程量,按自然地坪至桩尖长度乘以设计断面面积以立方米计算,扩大头并入成孔体积。

(2)桩芯混凝土工程量,按设计图示桩长另加设计规定超灌长(设计未明确时,按0.5倍桩直径)乘以设计断面面积以立方米计算。

(3)泥浆运输工程量,按实际签证的外运体积以立方米计算。

4.人工挖桩孔。

(1)挖土方工程量,按设计规定所围体积的自然方以立方米计算。

(2)砖护壁、混凝土护壁工程量,均按设计图纸尺寸以立方米计算。

(3)桩芯混凝土工程量,按设计排长另加0.5倍桩径乘以设计断面面积(平均)以立方米计算。扩底部分并入桩芯混凝土体积内计算。

(4)钢筋笼按设计图示尺寸确定的质量以吨计算。

5.凿桩头工程量,按桩截面面积乘超灌长度[预制方(管)桩按实签证长度]以立方米计算,包括预制桩、打孔灌注桩、钻(冲)孔桩、挖孔桩。

任务五 砌筑分部分项工程工程量计算

一、任务要求

能根据《湖南省建筑工程消耗量标准》(2014)列出需要计算的定额工程量的项目名称、计量单位,能依据《湖南省建筑工程消耗量标准》(2014)中的计算规则计算这些项目的工程量。

二、技能目标

能依据施工平面图、施工剖面图、施工立面图、定额工程量计算规则准确计算砌筑分部分项工程工程量项目的定额工程量。

三、任务分解

1. 对照图纸和《湖南省建筑工程消耗量标准》(2014)列出本工程中的项目名称。

2. 依据图纸和《湖南省建筑工程消耗量标准》(2014)中的计算规则计算工程量,并准确填写计算单位。

四、计算规则

1. 砌筑工程量一般规则。

(1) 计算墙体时,应扣除门窗洞口、过人洞、空圈、嵌入墙身的钢筋混凝土柱、梁(包括过梁、圈梁、挑梁)、砖平碹、圆弧形碹、钢筋砖过梁和暖气包壁龛的体积,不扣除梁头、内外墙板头、檩头、木楞头、游沿木、木砖、门窗走头、砖墙内的加固钢筋、木筋、铁件等,以及每个面积在 0.3 m² 以下的孔洞所占的体积,突出墙面的窗台虎头砖、压顶线、山墙泛水、烟囱根、门窗套及三皮砖以内的腰线和挑檐等体积亦不增加。

(2) 附墙柱、三皮砖以上的腰线和挑檐等体积,并入墙身体积内计算。

(3) 附墙烟囱(包括附墙通风道、垃圾道)按其外形体积计算,并入所依附的墙体积内,不扣除每一个孔洞横截面在 0.1 m² 以下的体积,但孔洞内的抹灰工程量亦不增加。

(4) 女儿墙高度,自外墙顶面至图示女儿墙顶面高度,区别不同墙厚并入外墙计算。

(5) 砖平碹、圆弧形碹、钢筋砖过梁按图示尺寸以立方米计算。在设计无规定时,砖平碹长度为门窗洞口宽度两端共加 100 mm,门窗洞口宽度小于 1500 mm 时,高度为 240 mm;门窗洞口宽度大于 1500 mm 时,高度为 365 mm。钢筋砖过梁按门窗洞口宽度两端共加 500 mm 计算,高度按 440 mm 计算。圆弧形碹长度按碹中心线长度、高按 240 mm 计算。

2. 砌体厚度按以下规定计算。

标准砖以 240 mm×115 mm×53 mm 为准,其砌体计算厚度按表 3-3 计算。

表 3-3 标准砖砌体厚度计算表

墙厚/砖数	$\frac{1}{4}$	$\frac{1}{2}$	$\frac{3}{4}$	1	$\frac{5}{4}$	$\frac{3}{2}$	2	$\frac{5}{2}$	3
计算厚度/mm	53	115	180	240	303	365	490	615	740

3. 基础与墙的划分。

(1) 以设计室外地坪为界线(有地下室者,以地下室室内设计地面为界),以下为基础,以上为墙身。

(2)砖柱,不分柱基和柱身合并计算,执行砖柱项目。

(3)砖石围墙,以自然地坪为界,以上为墙身,以下为基础,分别按相应墙身与基础子目执行。

4.砖石、小型混凝土空心砌块墙基础按图示尺寸以立方米计算。砖墙、小型空心砌块墙基础长度,外墙墙基按外墙中心线长度计算,内墙墙基按内墙净长计算。砖墙、小型空心砌块墙基础大放脚 T 形接头处重叠部分,计算时不扣除。附墙柱基大放脚宽出部分体积并入基础工程量内。毛石墙基的长度,外墙按中心线长度、内墙按毛石基础各级净长计算。

5.墙身的长度:外墙长度按外墙中心线长度计算,内墙按内墙净长线计算。

6.墙身高度按下列规定计算。

(1)外墙墙身高度:斜(坡)屋面无檐口天棚者,算至屋面板底;有屋架且室内外均有天棚者,算至屋架下弦底面另加 200 mm;无天棚者算至屋架下弦底加 300 mm,出檐宽度超过 600 mm 时,应按实砌高度计算;平屋面算至钢筋混凝土板(梁)底。

(2)内墙墙身高度:位于屋架下弦者,其高度算至屋架底;无屋架者算至天棚底另加 100 mm;有钢筋混凝土楼板隔层者算至屋面板底。

(3)内外山墙,墙身高度按其平均高度计算。

7.框架间砌体,按框架间的净空面积乘以墙厚计算,框架柱外表镶贴砖部分并入框架间砌体工程量内计算。

8.空花墙按空花部分外形体积以立方米计算,空洞部分不予扣除,其中与空花墙连接的附墙柱、实砌眠墙以立方米计算,分别套用砖柱、砖墙项目。

9.空斗墙按外形体积以立方米计算。窗台线、腰线、转角、内外墙交接处、门窗洞口立边、楼板下屋檐处和附墙柱两侧砌砖已包括在项目内,不另计算(不包括设计要求的斗墙实砌部分及附墙柱),突出墙面三皮砖以上的挑檐、附墙柱(不论突出多少)均以实砌体积计算,按一砖墙的项目执行。

10.填充墙按外形尺寸以立方米计算,其实砌部分已包括在项目内,不另计算。

11.空心砌块砌体(混凝土空心砌块墙、炉渣混凝土空心砌块墙、陶粒混凝土空心砌块墙)按图示尺寸以立方米计算,按设计规定需要镶嵌砖砌体部分已包括在定额内,不另计算。

12.其他砖砌体。

(1)砖砌锅台、炉灶,不分大小,均按图示外形尺寸以立方米计算,不扣除各种空洞的体积。

（2）厕所蹲台、小便池池槽、水槽腿、煤箱、垃圾箱、花台、花池台阶挡墙或梯带、地垄墙及支撑地楞的砖墩、房上烟囱等实砌体积，以立方米计算，套用零星砌体项目。

（3）砖地沟（暖气沟、电缆沟等）不分墙基、墙身，合并以立方米计算。

13. 轻质墙板按结构间净空面积以平方米计算（扣除 0.3 m² 以上的洞口面积）。

14. 砌块孔内混凝土灌实，按灌实部分砌体外形尺寸的 50％（砌块空心率的近似值）以立方米计算。

任务六　混凝土与钢筋混凝土分部分项工程定额工程量计算

一、任务要求

能根据《湖南省建筑工程消耗量标准》（2014）列出需要计算的定额工程量的项目名称、计量单位，能依据《湖南省建筑工程消耗量标准》（2014）中的计算规则计算这些项目的工程量。

二、技能目标

能依据施工平面图、施工剖面图、施工立面图、定额工程量计算规则准确计算混凝土与钢筋混凝土分部分项工程工程量项目的定额工程量。

三、任务分解

1. 对照图纸和《湖南省建筑工程消耗量标准》（2014）列出本工程中的项目名称。

2. 依据图纸和《湖南省建筑工程消耗量标准》（2014）中的计算规则计算工程量，并准确填写计算单位。

四、计算规则

1. 钢筋工程量按以下规定计算。

（1）钢筋工程应区别不同钢筋种类和规格，分别按设计长度乘以单位质量，以吨计算。

（2）先张法预应力钢筋按构件外形尺寸计算长度，后张法预应力钢筋按设计图规定的预应力钢筋预留孔道长度，并区别不同锚具类型，分别按下列规定计算。

①低合金钢筋两端采用螺杆锚具时，预应力钢筋按孔道长度共减 0.35 m，螺杆另行计算。

②低合金钢筋一端采用镦头插片,另一端采用螺杆锚具时,预应力钢筋长度按预留孔道长度计算,螺杆另行计算。

③低合金钢筋一端采用镦头插片,另一端采用帮条锚具时,预应力钢筋按孔道长度增加 0.15 m;两端均采用帮条锚具时,预应力钢筋按增加 0.3 m 计算。

④低合金钢筋采用后张混凝土自锚时,预应力钢筋长度按增加 0.35 m 计算。

⑤低合金钢筋或钢绞线采用 JM、XM、QM 型锚具,孔道长度在 20 m 以内时,预应力钢筋长度按增加 1 m 计算;孔道长度在 20 m 以上时,预应力钢筋长度按增加 1.8 m 计算。

(3) 计算钢筋工程量时,按图示尺寸计算长度。钢筋的电渣压力焊接、套筒挤压、直螺纹接头,以个计算,执行相应项目,但不计搭接长度。

(4) 钢筋混凝土构件预埋铁件工程量按设计图示尺寸,以吨计算。

(5) 植筋增加费(不包括钢筋制作安装费用)的工程量按实际根数计算。每根埋深按以下规则取定。

①钢筋规格为 20 mm 以下,按钢筋直径的 15 倍计算,并应不小于 100 mm。

②钢筋规格为 20 mm 以上,按钢筋直径的 20 倍计算。

③深度不同时可按焊深长度比例进行换算。

2. 现浇混凝土工程量按以下规定计算。

(1) 工程量除另有规定者外,均按图示尺寸实体体积以立方米计算。不扣除构件内钢筋、预埋铁件及墙、板 0.3 m² 内孔洞所占体积,但应扣除劲性型钢骨架体积。埋管断面合计面积超过混凝土构件断面 3% 以上的部分应扣除工程量(3% 以内的部分不扣除)。

(2) 基础。

①有肋带形基础,其肋高与肋宽之比在 4∶1 以内的按有肋带形基础计算;超过 4∶1 时,其基础底板按板式基础计算,以上部分按墙计算。

②箱式满堂基础应分别按无梁式满堂基础、柱、墙、梁、板有关规定计算,并套用相应项目。

③设备基础除块体以外,其他类型设备基础分别按基础、梁、柱、板、墙等有关规定计算,并套用相应的项目。

(3) 柱按图示断面尺寸乘以柱高以立方米计算。柱高按以下规定确定。

①有梁板的柱高,应以自柱基上表面(或楼板上表面)至上一层楼板上表面之间的高度计算。

②无梁板的柱高,应以自柱基上表面(或楼板上表面)至柱帽下表面之间的高度计算。

③框架柱的柱高应以自柱基上表面至柱顶高计算。

④构造柱按全高计算,与砖墙嵌接部分的体积并入柱身体积内计算。

⑤依附柱上的牛腿,并入柱身体积内计算。

(4) 梁按图示断面尺寸乘以梁长以立方米计算。梁长按下列规定确定。

①梁与混凝土柱连接时,梁长算至柱侧面;梁与混凝土墙连接时,梁长算至墙侧面。

②主梁与次梁连接时,次梁长算至主梁侧面。伸入砌体墙、柱内的梁头,梁垫体积并入梁体积内计算。

(5) 板按图示面积乘以板厚以立方米计算。

①有梁板(包括主、次梁与板)按梁、板体积之和计算。

②无梁板按拟板(包括其边梁)和柱帽体积之和计算。

③平板按板实体体积计算。

④现浇挑檐天沟与板(包括屋面板、楼板)连接时,以外墙为分界线,与圈梁(包括其他梁)连接时,以梁外边线为分界线。外墙边线以外或梁外边线以外为挑檐天沟。

⑤各类板伸入砌体墙内的板头并入板体积内计算。

(6) 墙按图示中心线长度乘以墙高及厚度以立方米计算,应扣除门窗洞口及 0.3 m² 以外孔洞的体积,墙垛及突出部分(包括边框梁、柱)并入墙体积内计算。

(7) 空心楼盖内置空心管(盒)模块工程量按外形体积以立方米计算。现浇混凝土空心楼盖体积应减去空心管(盒)模块体积,并套用相应现浇子目。

(8) 整体楼梯包括休息平台、平台梁、斜梁及楼梯的连接梁,按水平投影面积计算,不扣除宽度小于 500 mm 的楼梯井,伸入墙内部分不另增加。

(9) 伸出外墙的悬挑板(包括阳台、雨篷等),按伸出外墙的体积计算,其反檐并入雨篷内计算。

(10) 栏板以立方米计算,伸入墙内的栏板合并计算。

(11) 预制板补现浇板缝时,按平板计算。

(12) 预制钢筋混凝土框架柱现浇接头(包括梁接头)按设计规定断面和长度以立方米计算。

3.预制混凝土工程量按以下规定计算。

(1) 工程量均按图示尺寸实体体积以立方米计算,不扣除构件内钢筋、铁件及小于 300 mm×300 mm 以内的空洞面积。

(2) 预制桩按桩全长(包括桩尖)乘以桩断面(空心桩应扣除孔洞体积)以立方米计算。

(3) 混凝土与钢杆件组合的构件,混凝土部分按构件实体体积以立方米计算,钢构件部分按吨计算,分别套相应的定额项目。

4.预制混凝土构件运输、安装。

(1)预制混凝土构件运输及安装均按构件图示尺寸,以实体体积加规定的损耗计算;钢构件按构件设计图示尺寸以吨计算。所需螺栓、电焊条等质量不另计算。

(2)预制混凝土构件运输及安装损耗率,按总说明有关规定计算,并入构件工程量内。其中,预制混凝土屋架、桁架、托架及长度在9 m以上的梁、板、柱不计算损耗率。

(3)水泥蛭石块、泡沫混凝土块、硅酸盐块运输每立方米折合钢筋混凝土构件体积0.4 m³,按一类构件运输计算。镂空花格运输安装按设计外形面积乘以厚度6 cm以立方米计算,不扣镂空体积。预制碗柜运输安装按每10 m²折合1.2 m³钢筋混凝土。以上构件均按钢筋混凝土构件4类构件运输执行;镂空花格、预制碗柜安装按钢筋混凝土小型构件标准执行。

(4)预制钢筋混凝土工字形柱、矩形柱、空腹柱、双肢柱、空心柱、管道支架等安装,均按柱安装计算。

(5)钢筋混凝土折线形屋架、三角形组合屋架安装,以混凝土实体体积计算,三角形组合屋架的钢杆件部分不另计算。

5.钢筋混凝土构件接头灌缝。

(1)钢筋混凝土构件接头灌缝包括构件坐浆、灌缝、堵板孔、塞板梁缝等,均按预制钢筋混凝土构件实体体积以立方米计算。

(2)钢筋混凝土梁、吊车梁、托架梁、过梁、组合屋架、天窗架、大型屋面板、平板、空心板、槽形板、挑檐板、楼梯段等,均按混凝土实体体积计算,并按相应项目计算灌浆。

任务七　钢结构分部分项工程工程量计算

一、任务要求

能根据《湖南省建筑工程消耗量标准》(2014)列出需要计算的定额工程量的项目名称、计量单位,能依据《湖南省建筑工程消耗量标准》(2014)中的计算规则计算这些项目的工程量。

二、技能目标

能依据施工平面图、施工剖面图、施工立面图、定额工程量计算规则准确计算钢结构分部分项工程工程量项目的定额工程量。

三、任务分解

1. 对照图纸和《湖南省建筑工程消耗量标准》(2014)列出本工程中的项目名称。

2. 依据图纸和《湖南省建筑工程消耗量标准》(2014)中的计算规则计算工程量，并准确填写计算单位。

四、计算规则

（一）制作

1. 金属结构制作型材料按图示钢材尺寸以吨计算，不扣除孔眼、切边的质量。焊条、铆钉、螺栓等质量已包括在内不再另行计算。在计算不规则或多边形钢板质量时，均以其最大外围尺寸、以矩形面积计算。

2. 制动梁的制作工程量包括制动梁、制动桁架、制动板质量，墙架的制作工程量包括墙架柱、墙架梁及连接柱质量，钢柱制作工程量包括依附于柱上的牛腿及悬臂梁质量。

3. 钢栏杆制作安装仅适用于工业厂房、构筑物中的相应钢栏杆制作、安装；对于铁艺花饰栏杆，当花饰外围尺寸与标准不同时，可按外围尺寸投影面积换算。其他铝合金、不锈钢等装饰栏杆均应按其相关项目计算。

4. 钢漏斗制作工作量，矩形按图示分片，圆形按图示展开尺寸，并依钢板宽度分段计算，每段均以其上口长度（圆形以分段展开上口长度）与钢板宽度按矩形计算，依附漏斗的型钢并入漏斗质量内计算。

5. 天窗挡风架、柱、挡雨板、遮阳板的支架制作，工程量按质量计算。

6. 刮泥算子板、地沟铸铁算子板按框外围面积计算。

7. 钢质窗帘棍制安，工程量按图示长度计算，设计无规定时，每根按洞口宽度增加 30 cm 计算。

8. 垃圾斗及配件，按垃圾斗口的框外围面积计算，出灰口及配件，按出灰口的框外围面积计算。

9. 彩板墙面，以外墙面长度乘以外墙高度按面积计算，扣除门、窗洞口面积，但不扣除 0.3 m² 以内的孔洞面积。

10. 彩板楼面，以水平投影面积计算，但不扣附墙柱凸出部分面积和 0.3 m² 以内的孔洞面积。

11. 彩板屋面，按展开长度乘以宽度以平方米计算，扣除其凸出屋面的楼梯间、水箱、排气间等所占面积，但不扣除 0.3 m² 以内的孔洞面积。

12.轻钢屋面中,压型板、夹心板屋面工程量扣除 0.3 m² 以上采光带的面积。

（二）安装

1.构件安装,工程量按制作的工程量计算。

2.成品气楼,按气楼质量以吨计算。

3.化学螺栓、高强螺栓及栓钉以套计算。

任务八　木结构分部分项工程工程量计算

一、任务要求

能根据《湖南省建筑工程消耗量标准》（2014）列出需要计算的定额工程量的项目名称、计量单位,能依据《湖南省建筑工程消耗量标准》（2014）中的计算规则计算这些项目的工程量。

二、技能目标

能依据施工平面图、施工剖面图、施工立面图、定额工程量计算规则准确计算木结构工程分部分项工程量项目的定额工程量。

三、任务分解

1.对照图纸和《湖南省建筑工程消耗量标准》（2014）列出本工程中的项目名称。

2.依据图纸和《湖南省建筑工程消耗量标准》（2014）中的计算规则计算工程量,并准确填写计算单位。

四、计算规则

1.门制作、安装工程量除说明者外,均按门洞口面积计算,异形门按最大矩形面积计算。

2.木屋架的制作安装工程量,按以下规定计算。

（1）木屋架制作安装均按设计断面竣工木料以立方米计算,其后备长度及配制损耗均不另外计算。

（2）方木屋架一面刨光时增加 3 mm,两面刨光时增加 5 mm;圆木屋架刨光时,木材体积每立方米增加 0.05 m³。附属于屋架的夹板、垫木等不另计算;与屋架连接的挑檐木、支撑等,其工程量并入屋架竣工木料体积内计算。

（3）屋架的制作安装应区别不同跨度,其跨度应以屋架上、下弦杆的中心线交点之间的长度为准。带气楼的屋架并入所依附屋架的体积内计算;屋架的马尾、折角和正交部分半屋架,应并入相连接屋架的体积内计算。

（4）钢木屋架区分圆、方木,按竣工木料以立方米计算。

3.圆木屋架连接的挑檐木、支撑等如为方木时,其方木部分应乘以系数1.7,折合成圆木并入屋架竣工木料内,单独的方木挑檐应按方檩木计算。

4.檩木按竣工木料以立方米计算。简支檩木长度按设计规定计算,如设计无规定者,按屋架或山墙中距增加200 mm计算,如两端出山,檩条长度算至搏风板;连续檩条的长度按设计长度计算,其接头长度按全连续檩木总体积的5%计算。檩条托木已计入相应的檩木制作安装项目中,不另计算。

5.屋面木基层按屋面的斜面积计算。天窗挑檐重叠部分按设计规定计算,屋面烟囱及斜沟部分所占面积不扣除。

6.封檐板按图示檐口的外围长度计算,搏风板按斜长度计算,每个大刀头增加长度500 mm。

7.木楼梯按水平投影面积计算,不扣除宽度小于300 mm的楼梯井,其踢脚板、平台和伸入墙内部分不另计算。

任务九　屋面及防水分部分项工程工程量计算

一、任务要求

能根据《湖南省建筑工程消耗量标准》(2014)列出需要计算的定额工程量的项目名称、计量单位,能依据《湖南省建筑工程消耗量标准》(2014)中的计算规则计算这些项目的工程量。

二、技能目标

能依据施工平面图、施工剖面图、施工立面图、定额工程量计算规则准确计算屋面及防水分部分项工程工程量项目的定额工程量。

三、任务分解

1.对照图纸和《湖南省建筑工程消耗量标准》(2014)列出本工程中的项目名称。

2.依据图纸和《湖南省建筑工程消耗量标准》(2014)中的计算规则计算工程量,并准确填写计算单位。

四、计算规则

1.瓦屋面、金属压型板(包括挑檐部分)均按图 3-1 中尺寸的水平投影面积乘以屋面坡度系数(表 3-4),以平方米计算。不扣除房上烟囱、风帽、屋面小气窗、斜沟等所占面积,屋面小气窗的出檐部分亦不增加。

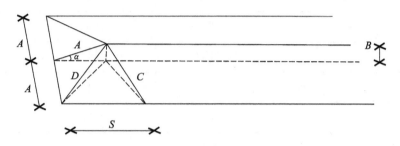

图 3-1 屋面示意图

表 3-4 屋面坡度系数表

坡度		角度 α	延尺系数 C	隔延尺系数
$B(A=1)$	$B/2A$		$(A=1)$	$(A=1)$
1	1/2	45°	1.4142	1.7321
0.75		36°52′	1.2500	1.6008
0.70		35°	1.2207	1.5779
0.666	1/3	33°40′	1.2015	1.5622
0.65		33°01′	1.1926	1.5564
0.60		30°58′	1.1662	1.5362
0.577		30°	1.1547	1.5274
0.55		28°49′	1.1413	1.5174
0.50	1/4	26°34′	1.1180	1.5000
0.45		24°14′	1.0966	1.4839
0.40	1/5	21°48′	1.0770	1.4697

| 坡度 | | 角度 α | 延尺系数 C | 隔延尺系数 |
B(A=1)	B/2A		(A=1)	(A=1)
0.35		19°17′	1.0594	1.4569
0.30		16°42′	1.0440	1.4457
0.25		14°02′	1.0308	1.4362
0.20	1/10	11°19′	1.0198	1.4283
0.15		8°32′	1.0112	1.4221
0.125		7°8′	1.0078	1.4191
0.100	1/20	5°42′	1.0050	1.4177
0.083		4°45′	1.0035	1.4166
0.066	1/30	3°49′	1.0022	1.4157

注:1.两坡排水屋面积为屋面水平投影面积乘以延尺系数 C。

2.四坡排水屋面斜脊长度＝A×D(当 S＝A 时)。

3.沿山墙泛水长度＝A×C。

2.卷材屋面工程量按以下规定计算。

(1)卷材屋面按图示尺寸的水平投影面积乘以规定的坡度系数(表 3-4)以平方米计算。但不扣除房上烟囱、风帽底座、风道、屋面小气窗和斜沟所占的面积,屋面的女儿墙、伸缩缝和天窗等处的弯起部分,按图示尺寸并入屋面工程量计算。如图纸无规定时,伸缩缝、女儿墙的弯起部分可按 250 mm 计算,天窗弯起部分可按 500 mm 计算。

(2)卷材屋面的附加层、接缝、收头、找平层的嵌缝、冷底子油已计入定额内,不另计算。

3.涂膜屋面的工程量计算同卷材屋面。涂膜屋面的油膏嵌缝、玻璃布盖缝、屋面分格缝,以延长米计算。

4.种植屋面过滤层,按实铺面积计算,不扣除排烟道、通风孔、屋面检查洞及 0.3 m² 以内孔洞所占面积;排(蓄)水层按立铺面积乘厚度以体积计算,不扣除排烟道、通风孔、屋面检查洞及 0.3 m² 以内孔洞所占体积。

5.屋面排水工程量按以下规定计算。

(1)铁皮排水按图示尺寸以展开面积计算,如图纸没有注明尺寸时,可按表 3-5 计算。咬口和搭接等已计入定额项目中,不另计算。

（2）PVC、玻璃钢水落管区别不同直径按图示尺寸以延长米为单位进行计算,雨水口、水斗、弯头、短管以个计算。

表 3-5 　　　　　　　　　　　　铁皮排水单体零件折算表

名称	水落管	檐沟	水斗	漏斗	下水口	天沟	斜沟天窗窗台泛水	天窗侧面泛水	烟囱泛水	通气管泛水	滴水檐头泛水	滴水
单位	m		个			m						
折算面积/m²	0.32	0.30	0.40	0.16	0.45	1.30	0.50	0.70	0.80	0.22	0.24	0.11

6.防水工程量按以下规定计算。

（1）建筑物地面防水、防潮层,按主墙间净空面积计算,扣除凸出地面的构筑物、设备基础等所占的面积,不扣除柱、垛、间壁墙、烟囱及 0.3 m² 以内孔洞所占面积。与墙面连接处高度在 300 mm 以内者按展开面积计算,并入平面工程量内,超过 300 mm 时,按立面防水层计算。

（2）建筑物墙基防水、防潮层,外墙长度按中心线,内墙按净长乘以宽度以平方米计算。

（3）构筑物及建筑物地下室防水层,按实铺面积计算,但不扣除 0.3 m² 以内的孔洞面积。平面与立面交接处的防水层,其上卷高度超过 300 mm 时,按立面防水层计算。

（4）防水卷材的附加层、接缝、收头、冷底子油等人工材料均已计入定额内,不另计算。

（5）变形缝以延长米为单位进行计算。

任务十　保温隔热、防腐分部分项工程工程量计算

一、任务要求

能根据《湖南省建筑工程消耗量标准》（2014）列出需要计算的定额工程量的项目名称、计量单位,能依据《湖南省建筑工程消耗量标准》（2014）中的计算规则计算这些项目的工程量。

二、技能目标

能依据施工平面图、施工剖面图、施工立面图、定额工程量计算规则准确计算保温隔热、防腐分部分项工程工程量项目的定额工程量。

三、任务分解

1. 对照图纸和《湖南省建筑工程消耗量标准》(2014)列出本工程中的项目名称。

2. 依据图纸和《湖南省建筑工程消耗量标准》(2014)中的计算规则计算工程量,并准确填写计算单位。

四、计算规则

1. 外墙保温工程量按保温面展开面积计算工程量。

2. 屋面、室内保温工程量按以下规定计算。

(1) 保温层应区别不同保温材料,除另有规定者外,均按设计实铺厚度以立方米计算。

(2) 保温层厚度按材料(不包括胶结材料)净厚度计算。

(3) 地面按围护结构墙体间净面积乘以设计厚度以立方米计算,不扣除柱、垛所占的体积。

(4) 墙体层,外墙按层中心、内墙按层净长乘以图示尺寸高度及厚度以立方米计算,应扣除冷藏门洞口和管道穿墙洞口所占的体积。

(5) 柱包层,按图示柱的层中心线的展开长度乘以图示尺寸高度及厚度以立方米计算。

(6) 其他保温工程量。

①池槽层按图示池槽保温层的长、宽及其厚度以立方米计算。其中,池壁按墙面计算,池底按地面计算。

②门洞口侧壁周围的部分,按图示尺寸以立方米计算,并入墙面的保温工程量内。

③柱帽保温层按图示保温层体积并入天棚保温层工程量内。

3. 防腐工程量按以下规定计算。

(1) 防腐工程项目应区分不同防腐材料种类及其厚度,按设计实铺面积以平方米计算。

(2) 防腐卷材接缝、附加层、收头等人工材料,已计入项目中,不再另行计算。

(3) 桩基础防腐按设计涂刷高度乘以桩周长以平方米计算工程量。

任务十一 室外附属分部分项工程工程量计算

一、任务要求

能根据《湖南省建筑工程消耗量标准》(2014)列出需要计算的定额工程量的项目名称、计量单位,能依据《湖南省建筑工程消耗量标准》(2014)中的计算规则计算这些项目的工程量。

二、技能目标

能依据施工平面图、施工剖面图、施工立面图、定额工程量计算规则准确计算室外附属分部分项工程工程量项目的定额工程量。

三、任务分解

1.对照图纸和《湖南省建筑工程消耗量标准》(2014)列出本工程中的项目名称。

2.依据图纸和《湖南省建筑工程消耗量标准》(2014)中的计算规则计算工程量,并准确填写计算单位。

四、计算规则

(一)道路

1.路槽碾压宽度,按设计道路宽度每侧加 15 cm 计算,以平方米计算工程量。

2.基层宽度,按设计道路宽度每侧加 15 cm 计算,以平方米计算工程量,不扣除各种井位所占的面积。

3.道路面层,按设计长度乘以设计宽度计算(包括转弯面积),不扣除各类井所占面积。

4.侧缘石,以延长米为单位计算,包括各转弯处的弧形长度。

5.人行道板,按实铺面积计算。

6.伸缩缝,伸缝按设计缝长乘以设计路面厚度以平方米计算工程量;缩缝按设计缝长乘以锯缝深度以平方米计算工程量。

(二)围墙

铸铁围墙,按图示长度乘以高度以平方米计算工程量。

（三）室外排水

1.排水管道,按图示尺寸以延长米计算工程量。

2.砖砌化粪池、窨井,不分壁厚均以立方米计算,洞口上的砖平拱碹等并入砖体积内计算;玻璃钢化粪池按有效容积以立方米计算工程量。

（四）散水、明沟、台阶

1.散水按图示尺寸以平方米计算。

2.明沟按延长米计算。

3.台阶按投影面积以平方米计算。

任务十二　构筑物分部分项工程工程量计算

一、任务要求

能根据《湖南省建筑工程消耗量标准》(2014)列出需要计算的定额工程量的项目名称、计量单位,能依据《湖南省建筑工程消耗量标准》(2014)中的计算规则计算这些项目的工程量。

二、技能目标

能依据施工平面图、施工剖面图、施工立面图、定额工程量计算规则准确计算构筑物分部分项工程工程量项目的定额工程量。

三、任务分解

1.对照图纸和《湖南省建筑工程消耗量标准》(2014)列出本工程中的项目名称。

2.依据图纸和《湖南省建筑工程消耗量标准》(2014)中的计算规则计算工程量,并准确填写计算单位。

四、计算规则

（一）烟囱

1.砖烟囱。

(1)筒身体积:圆形、方形均按图示筒壁平均中心线周长乘以厚度及相应厚度的垂直高度的体积,扣除筒身各种孔洞、钢筋混凝土圈梁、过梁等体积,以立方米计算。当筒壁周长或厚度不同时,筒身体积可按下式分段计算。

$$V = \sum H \times C \times L$$

式中　V——筒身体积;

　　　H——每段筒身的垂直高度;

　　　C——每段筒壁的厚度;

　　　L——每段筒壁中心线的长度。

(2)烟道砌砖:烟道与炉体的划分以第一道闸门为界,炉体内的烟道部分列入炉体工程量。

2.混凝土烟囱。

混凝土工程量,均按图示尺寸实体积以立方米计算,不扣除构件内的钢筋、预埋铁件及壁、板中 $0.3\ \mathrm{m^2}$ 内的孔洞所占体积。

3.其他。

(1) 烟道、烟囱内衬按不同内衬材料并扣除孔洞后,以图示实体积计算。

(2) 烟囱内壁表面隔热层,按筒身内壁并扣除各种孔洞后的面积以平方米计算;填料按烟囱内衬与筒身之间的中心线平均周长乘以宽度和筒高,并扣除各种孔洞所占体积(但不扣除连接横砖及防沉带的体积)后以立方米计算。

(3) 烟囱内刷防腐涂料应按实际刷涂面积计算。

(二)水塔

1.砖水塔。

水塔基础与塔身划分:以砖砌体的扩大部分顶面为界,以上为塔身,以下为基础。塔身以图示实砌体积计算,并扣除门窗洞口和混凝土构件所占的体积,砖平拱及砖出檐等并入塔身体积内计算。

2.混凝土水塔。

混凝土工程量均按图示尺寸实体积以立方米计算,不扣除构件内的钢筋、预埋铁件及壁、板中 $0.3\ \mathrm{m^2}$ 内的孔洞所占体积。

3.其他。

水塔涂料以刷涂面积计算。

任务十三　建筑工程脚手架分部分项工程工程量计算

一、任务要求

能根据《湖南省建筑工程消耗量标准》(2014)列出需要计算的定额工程量的项目名称、计量单位,能依据《湖南省建筑工程消耗量标准》(2014)中的计算规则计算这些项目的工程量。

二、技能目标

能依据施工平面图、施工剖面图、施工立面图、设计总说明定额工程量计算规则准确计算建筑工程脚手架分部分项工程工程量项目的定额工程量。

三、任务分解

1.对照图纸和《湖南省建筑工程消耗量标准》(2014)列出本工程中的项目名称。

2.依据图纸和《湖南省建筑工程消耗量标准》(2014)中的计算规则计算工程量,并准确填写计算单位。

四、计算规则

1.综合脚手架工程量,均按建筑面积计算规则以平方米计算;单项脚手架面积的计算,均按其投影面积计算脚手架面积。

2.建筑物如有高、低跨(层)且檐口高度不在同一标准步距,应分别按高低跨(层)计算脚手架面积,分别套用相应项目执行。

3.突出屋面的水箱间、电梯机房、楼梯间、闭路电视间、女儿墙等按搭设的脚手架执行相应屋面檐口高度子目。

4.独立柱按周长增3.6 m乘以柱高执行相应项目高度子目,柱高15 m以内按单排计算,柱高15 m以上按双排计算。

5.砌筑里脚手架按内墙垂直投影面积计算,不扣除门窗洞口的面积。围墙砌筑架按砌筑里脚手架子目执行,围墙脚手架以自然地面至围墙顶面高度乘以围墙中心线长度计算,不扣除围墙门所占的面积,但独立门柱的砌筑脚手架亦不增加。围墙如建在斜坡上或各段高度不同时,应按各段围墙的垂直投影面积计算。围墙高度超过3.6 m时,如双面抹灰者,除按规定计算该架工程量以外,还可以增加一道抹灰架。

6.安全过道按实际搭设的水平投影面积(架宽×架长)计算。安全笆按实际封闭的垂直投影面积计算,实际采用封闭材料与标准不符时,不作调整。斜挑式安全笆按实际搭设的斜面面积(长×宽)计算。立挂安全网按实际满挂的垂直投影面积计算。

7.挑脚手架按搭设长度和层数以延长米计算。悬空脚手架按搭设水平投影面积以平方米计算。

8.烟囱、水塔脚手架按不同高度及不同直径以座计算,其直径按相应±0.000处外径计算。

9.倒锥形水塔、水箱,在地面架空预制,其四周外脚手架(包括斜道、卷扬机架在内)按相应的单项计算,高度以水箱顶面至地面的垂直高度为准。

任务十四　建筑工程模板分部分项工程工程量计算

一、任务要求

能根据《湖南省建筑工程消耗量标准》(2014)列出需要计算的定额工程量的项目名称、计量单位,能依据《湖南省建筑工程消耗量标准》(2014)中的计算规则计算这些项目的工程量。

二、技能目标

能依据施工平面图、施工剖面图、施工立面图、设计总说明、定额工程量计算规则准确计算建筑工程模板分部分项工程工程量项目的定额工程量。

三、任务分解

1.对照图纸和《湖南省建筑工程消耗量标准》(2014)列出本工程中的项目名称。

2.依据图纸和《湖南省建筑工程消耗量标准》(2014)中的计算规则计算工程量,并准确填写计算单位。

四、计算规则

1.现浇混凝土及钢筋混凝土模板工程量,按以下规定计算。

(1)现浇混凝土及钢筋混凝土模板工程量,除另有规定者外,均应区别模板的不同材质,按混凝土与模板接触面的面积以平方米计算。

(2)有肋带形基础,其肋高与肋宽之比在4:1以内时,按有肋带形基础计算;超过

4：1时，其基础按板式带形基础计算，以上部分按墙计算。

（3）现浇钢筋混凝土墙、板上单孔面积在 0.3 m² 以内的孔洞，不予扣除，洞侧壁模板亦不增加，单孔面积在 0.3 m² 以外时，应予扣除，洞侧壁模板面积并入墙、板模板工程量内计算。

（4）现浇钢筋混凝土框架分别按梁、板、柱、墙有关规定计算，附墙柱并入墙内工程量计算。分界规定如下。

①柱、墙：底层以基础顶面为界算至上层楼板表面，楼层以当前层楼面为界算至上层楼板表面（有柱帽的柱应扣柱帽部分量）。

②有梁板：主梁算至柱或混凝土墙侧面，次梁算至主梁侧面；伸入墙内的梁头与梁垫模板并入梁内；板算至梁的侧面。

③无梁板：板算至边梁的侧面，柱帽部分按接触面积计算工程量，并套用柱帽项目。

（5）圆弧形梁板增加费工程量按延长米计算。圆弧形梁（包括相连板）按梁中心线以延长米计算，圆弧形板（包括板与弧形墙、柱相交接迹线）按弧形延长米乘以 0.5 计算。

（6）构造柱外露面均应按图示外露部分计算模板面积。构造柱与墙接触面不计算模板面积。

（7）现浇钢筋混凝土悬挑板（雨篷、阳台）按图示外挑部分尺寸的水平投影面积计算。挑出墙外的牛腿梁及板边模板不另计算。

（8）现浇钢筋混凝土楼梯，以图示露明面尺寸的水平投影面积计算，不扣除小于 500 mm 楼梯井所占面积。楼梯的踏步、踏步板平台梁等侧面模板，不另计算。

（9）混凝土台阶按图示台阶尺寸的水平投影面积计算，台阶端头两侧不另计算模板面积。

（10）现浇混凝土小型池槽按构件外围体积计算，池槽内、外侧及底部模板不应另计算。

（11）梁板后浇带底模板延期拆除处理：按后浇带施工长度乘以 2.5 m 宽度以平方米计算，执行有梁板模板子目，原主体工程量计算中的有梁板模板工程量不得扣除。

2.混凝土模板支模高度大于或等于 6.6 m 时，支架工程量按以下规定计算。

支架工程量按搭设支架质量以吨计算，质量按其搭设空间体积乘单位空间体积的质量计算，搭设空间体积按外围平投影面积乘以搭设高度计算。

支架的每单位空间体积质量按以下数据计算。

（1）梁板混凝土折算厚 30 cm 以内（含 30 cm），按 30 kg/m³ 计算。

（2）梁板混凝土折算厚 30～50 cm（含 50 cm），按 40 kg/m³ 计算。

（3）梁板混凝土折算厚 50 cm 以上，按 50 kg/m³ 计算。

3.预制钢筋混凝土构件模板工程量,按以下规定计算。

(1)钢筋混凝土模板工程量,除另有规定者外,均按混凝土实体体积以立方米计算。

(2)预制桩尖按虚体积(不扣除桩尖虚体积部分)计算。

(3)0.5 m³ 小型池槽按外形体积以立方米计算。

4.构筑物模板按以下规定计算。

(1)筑物工程的模板工程量,现浇混凝土及钢筋混凝土模板工程量,除另有规定者外,均应区别模板的不同材质,按混凝土与模板接触面的面积,以平方米计算。

(2)预制钢筋混凝土模板工程量,除另有规定者外,均按混凝土实体体积以立方米计算。

(3)0.5 m³ 以上池槽等分别按基础、墙、板、梁、柱等有关规定计算,并套用相应项目。

(4)液压滑升钢模板施工的贮仓立壁模板按混凝土体积以立方米计算。木模板、组合钢模板、复合木模板施工的水塔塔身、水箱、回廊及平台、储水(油)池、储仓,按混凝土与模板接触面积计算。

任务十五　建筑工程垂直运输分部分项工程工程量计算

一、任务要求

能根据《湖南省建筑工程消耗量标准》(2014)列出需要计算的定额工程量的项目名称、计量单位,能依据《湖南省建筑工程消耗量标准》(2014)中的计算规则计算这些项目的工程量。

二、技能目标

能依据施工平面图、施工剖面图、施工立面图、定额工程量计算规则准确计算建筑工程垂直运输分部分项工程工程量项目的定额工程量。

三、任务分解

1.对照图纸和《湖南省建筑工程消耗量标准》(2014)列出本工程中的项目名称。

2.依据图纸和《湖南省建筑工程消耗量标准》(2014)中的计算规则计算工程量,并准确填写计算单位。

四、计算规则

1. 垂直运输机械使用台班数量,按分部分项工程工程量折算,折算后汇总台班数量为单位工程垂直运输机械台班数量。其具体折算办法如下。

(1) 综合脚手架,按建筑面积每 100 m^3 计算 0.06 台班。

(2) 砖石工程,按砖石工程量每 10 m^3 计算 0.55 台班。

(3) 梁、板、柱、墙等混凝土构件(包括混凝土和模板吊运),按混凝土工程量每 10 m^3 计算 0.8 台班(其中混凝土吊运 0.4 台班,模板吊运 0.4 台班),其他混凝土构件(包括混凝土和模板吊运),按混凝土工程量每 10 m^3 计算 1.6 台班(其中混凝土吊运 0.8 台班,模板吊运 0.8 台班),基础和垫层如采用塔吊运输,按混凝土工程量每 10 m^3 计算 0.4 台班(其中,混凝土吊运 0.35 台班,模板吊运 0.05 台班)。

(4) 钢筋工程,按钢筋工程量每吨计算 0.07 台班。

(5) 门窗工程,按门窗面积每 100 m^2 计算 0.45 台班。

(6) 楼地面、墙柱面、天棚面,按装饰面展开面积的工程量,每 100 m^2 计算 0.3 台班。

(7) 屋面工程(不包括种植屋面刚性层以上工作内容),按防水卷材面积的工程量,每 100 m^2 计算 0.2 台班。

(8) 瓦屋面,按其工程量每 100 m^2 计算 0.35 台班。

2. 垂直运输机械设备基础工程量计算,有施工方案的可根据具体的施工方案计算;无施工方案的可参照表 3-6 计算,根据工程量执行相应的子目。

表 3-6　　　　　　　　　无施工方案的垂直运输机械设备基础工程量

机械设备名称	设备基础尺寸/ m×m×m	土方开挖/ m^3	土方回填/ m^3	砖胎膜/ m^3	砖胎膜抹灰/ m^3	混凝土/ m^3	钢筋/ t	垫层混凝土/ m^3	桩基础
塔吊	5×5×1.35	52.5	8.3	7.09	32.25	33.75	1.943	2.7	工程量根据地质情况分别按桩类型设计深度另行计算
人货电梯	4×6×0.4	17.5	2.9	2.1	13.25	9.6	0.431	2.6	

任务十六 建筑工程超高增加费计算

一、任务要求

能根据《湖南省建筑工程消耗量标准》(2014)列出需要计算的定额工程量的项目名称、计量单位,能依据《湖南省建筑工程消耗量标准》(2014)中的计算规则计算这些项目的工程量。

二、技能目标

能依据施工平面图、施工剖面图、施工立面图、定额工程量计算规则准确计算建筑工程超高增加费。

三、任务分解

1. 对照图纸和《湖南省建筑工程消耗量标准》(2014)列出本工程中的项目名称。

2. 依据图纸和《湖南省建筑工程消耗量标准》(2014)中的计算规则计算工程量,并准确填写计算单位。

四、计算规则

建筑物超高增加费按檐口的高度 20m 以上建筑面积以平方米计算。

任务十七 楼地面分部分项工程工程量计算

一、任务要求

能根据《湖南省建筑工程消耗量标准》(2014)列出需要计算的定额工程量的项目名称、计量单位,能依据《湖南省建筑工程消耗量标准》(2014)中的计算规则计算这些项目的工程量。

二、技能目标

能依据施工平面图、施工剖面图、施工立面图、设计总说明、定额工程量计算规则准确计算楼地面分部分顶工程工程量项目的定额工程量。

三、任务分解

1. 对照图纸和《湖南省建筑工程消耗量标准》(2014)列出本工程中的项目名称。

2. 依据图纸和《湖南省建筑工程消耗量标准》(2014)中的计算规则计算工程量,并准确填写计算单位。

四、计算规则

1. 楼地面工程量。

(1) 整体面层及找平层按设计图示尺寸以面积计算,扣除凸出地面构筑物、设备基础、室内地沟等所占面积,不扣除间壁墙及面积不大于 $0.3 \ m^2$ 的柱、垛、附墙烟囱及孔洞所占面积。门洞、空圈、暖气包槽、壁龛的开口部分不增加面积。

(2) 块料面层及其他材料面层按设计图示尺寸以面积计算,门洞、空圈、暖气包槽、壁龛的开口部分并入相应的工程量内。

2. 楼梯面积按设计图示尺寸以楼梯(包括踏步、休息平台,以及小于 50 mm 宽的楼梯井)水平投影面积计算。楼梯与楼地面相连时算至梯口梁内侧,无梯口梁者算至最上一层踏步边沿加 300 mm。

3. 台阶面层(包括踏步及最上一层踏步沿 300 mm)按水平投影面积计算。

4. 踢脚线按实贴长乘以高以平方米计算。楼梯踢脚线按相应项目人工、机械乘以系数 1.15。

5. 点缀按个计算,计算主体铺贴地面面积时不扣除点缀所占面积。

6. 零星项目按实铺面积计算。

7. 栏杆、栏板、扶手均按其中心线长度以延长米计算,弯头长度并入扶手延长米内计算。

8. 弯头按个计算。

9. 石材底面刷养护液(包括侧面涂刷),工程量按底面积以平方米计算。

任务十八　墙柱面分部分项工程工程量计算

一、任务要求

能根据《湖南省建筑工程消耗量标准》(2014)列出需要计算的定额工程量的项目名称、计量单位,能依据《湖南省建筑工程消耗量标准》(2014)中的计算规则计算这些项目的工程量。

二、技能目标

能依据施工平面图、施工剖面图、施工立面图、设计总说明、定额工程量计算规则准确计算墙柱面分部分项工程工程量项目的定额工程量。

三、任务分解

1. 对照图纸和《湖南省建筑工程消耗量标准》(2014)列出本工程中的项目名称。

2. 依据图纸和《湖南省建筑工程消耗量标准》(2014)中的计算规则计算工程量,并准确填写计算单位。

四、计算规则

1. 内墙面、墙裙抹灰面积应扣除门窗洞口和 $0.3 m^2$ 以上的空圈所占的面积,且门窗洞口、空圈、孔洞的侧壁面积亦不增加,不扣除踢脚线、挂镜线及 $0.3 m^2$ 以内的孔洞和墙与构件交接处的面积。附墙柱的侧面抹灰应并入墙面、墙裙抹灰工程量内计算。墙面、墙裙的长度以主墙间的图示净长计算,墙面高度按室内地面至天棚底面净高计算,墙面抹灰面积应扣除墙裙抹灰面积。如墙面和墙裙抹灰种类相同者,工程量合并计算,套用同一项目。

2. 钉板天棚(不包括灰板条天棚)的内墙抹灰,其高度自楼、地面至天棚底另加 200 mm 计算。

3. 砖墙中的钢筋混凝土梁、柱侧面抹灰,按砖墙项目计算。

4. 外墙抹灰面积按垂直投影面积计算,应扣除门窗洞口、外墙裙和 $0.3 m^2$ 以上的孔洞所占面积,不扣除 $0.3 m^2$ 以内的孔洞所占面积,门窗洞口及孔洞侧壁面积亦不增加。附墙柱侧面抹灰面积应并入外墙面抹灰面积工程量内。

5. 外墙裙抹灰按展开面积计算,扣除门窗洞口及 $0.3 m^2$ 以上孔洞所占面积,但门窗洞口及孔洞的侧壁面积亦不增加。

6. 柱抹灰按结构断面周长乘高计算。

7. 女儿墙(包括泛水、挑砖)、阳台拦板(不扣除花格所占孔洞面积)内侧与阳台台栏板外侧抹灰工程量按垂直投影面积计算,块料按展开面积计算;无泛水挑砖者,人工及机械系数为 1.10;带泛水挑砖者,人工及机械系数为 1.30,按墙面项目执行;女儿墙外侧并入墙面计算,压顶按相应说明及相应项目执行。

8. 零星项目按设计图示尺寸以展开面积计算。

9. 墙面贴块料面层按实贴面积计算。

10. 墙面贴块料、饰面高度在 300 mm 以内者,按踢脚线执行。

11. 柱饰面面积按外围饰面尺寸乘以高计算。

12. 挂贴大理石、花岗岩其他零星项目是按成品考虑的,柱墩、柱帽按最大外径周长计算。

13. 除已列有挂贴大理石、花岗岩柱帽、柱墩项目外,其他项目的柱帽、柱墩工程量按设计图示尺寸以展开面积计算,并入相应柱面积内,每个柱帽或柱墩另增人工:抹灰 0.25 工日,块料 0.38 工日,饰面 0.5 工日。

14. 隔断按墙的净长乘以净高计算,扣除门窗洞及 0.3 m² 以上的孔洞所占面积。

15. 全玻隔断、全玻幕墙如有加强肋者,工程量按其展开面积计算;玻璃幕墙、铝板幕墙以框外围面积计算。

16. 装饰抹灰分格、嵌缝按装饰抹灰面面积计算。

17. 抹灰线按展开宽度在 300 mm 以内计算,超过 300 mm 者按相应项目执行。

任务十九　天棚分部分项工程工程量计算

一、任务要求

能根据《湖南省建筑工程消耗量标准》(2014)列出需要计算的定额工程量的项目名称、计量单位,能依据《湖南省建筑工程消耗量标准》(2014)中的计算规则计算这些项目的工程量。

二、技能目标

能依据施工平面图、施工剖面图、施工立面图、设计总说明、定额工程量计算规则准确计算天棚分部分项工程工程量项目的定额工程量。

三、任务分解

1. 对照图纸和《湖南省建筑工程消耗量标准》(2014)列出本工程中的项目名称。

2. 依据图纸和《湖南省建筑工程消耗量标准》(2014)中的计算规则计算工程量,并准确填写计算单位。

四、计算规则

1. 抹灰及各种吊顶天棚龙骨按主墙间净空面积计算,不扣除间壁墙、检查孔、附墙烟囱、柱、垛和管道所占面积。带梁的天棚抹灰,其梁侧面抹灰并入天棚抹灰工程量内计算。

2.天棚基层按展开面积计算。

3.天棚装饰面层按主墙间实钉(胶)展开面积以平方米计算,不扣除间壁墙、检查口、附墙烟囱、垛和管道所占面积,但应扣除 0.3 m² 以上的孔洞、独立柱、灯槽及与天棚相连的窗帘盒所占面积。

4.龙骨、基层、面层合并列项的子目,工程量计算规则同第 1 条。

5.板式楼梯底面的装饰工程量按水平投影面积乘以系数 1.15 计算,梁式楼梯底面按水平投影面积乘以 1.37 系数计算,并套用天棚定额。

6.灯光槽按延长米计算。

7.网架按水平投影面积计算。

8.石膏板面层嵌缝按天棚面积计算。

任务二十 门窗分部分项工程工程量计算

一、任务要求

能根据《湖南省建筑工程消耗量标准》(2014)列出需要计算的定额工程量的项目名称、计量单位,能依据《湖南省建筑工程消耗量标准》(2014)中的计算规则计算这些项目的工程量。

二、技能目标

能依据施工平面图、施工剖面图、施工立面图、设计总说明、定额工程量计算规则准确计算门窗分部分项工程工程量项目的定额工程量。

三、任务分解

1.对照图纸和《湖南省建筑工程消耗量标准》(2014)列出本工程中的项目名称。

2.依据图纸和《湖南省建筑工程消耗量标准》(2014)中的计算规则计算工程量,并准确填写计算单位。

四、计算规则

1.普通木门窗、彩板组角门窗、塑钢门窗、铝合金门窗均按洞口面积以平方米计算。

铝合金纱扇制作安装按纱扇外围面积计算。

2. 普通窗上部带有半圆窗的工程量应分别按半圆窗和普通窗计算。其分界线以普通窗和半圆窗之间的横框上裁口线为分界线。

3. 卷闸门安装按其安装高度乘以门的实际宽度以平方米计算。安装高度算至滚筒顶点为准。带卷筒罩的按展开面积增加。电动装置安装以套计算,小门安装以个计算。

4. 防盗门、不锈钢格栅门按框外围面积以平方米计算,防盗窗工程量按展开面积计算。

5. 成品防火门以框外围面积计算,防火卷帘门从地(楼)面算至端板顶点乘设计宽度。

6. 实木门框制作安装以延长米计算。实木门扇制作安装及装饰门扇制作按扇外围面积计算,装饰门扇及成品门扇安装按扇计算。

7. 木门扇皮制隔音面层和装饰板隔音面层,按单面面积计算。

8. 不锈钢板包门框、门窗套、花岗岩门套、门窗筒子板按展开面积计算。门窗贴脸、窗帘盒、窗帘轨按延长米计算。

9. 窗台板按实铺面积计算。

10. 电子感应门及转门以樘计算。

11. 不锈钢电动伸缩门以樘计算。

任务二十一 油漆、涂料、裱糊分部分项工程工程量计算

一、任务要求

能根据《湖南省建筑工程消耗量标准》(2014)列出需要计算的定额工程量的项目名称、计量单位,能依据《湖南省建筑工程消耗量标准》(2014)中的计算规则计算这些项目的工程量。

二、技能目标

能依据施工平面图、施工剖面图、施工立面图、设计总说明、定额工程量计算规则准确计算油漆、涂料、裱糊分部分项工程工程量项目的定额工程量。

三、任务分解

1. 对照图纸和《湖南省建筑工程消耗量标准》(2014)列出本工程中的项目名称。

2.依据图纸和《湖南省建筑工程消耗量标准》(2014)中的计算规则计算工程量,并准确填写计算单位。

四、计算规则

1.木材面油漆的工程量分别按表 3-7 的规定乘以系数以平方米计算。

表 3-7　　　　　　　　木材面油漆工程量系数表

项目名称	系数	工程量计算方法
单层木门	1.00	按单面洞口面积计算
双层(一板一纱)木门	1.36	
双层(单裁口)木门	2.00	
单层全玻门	0.83	
木百叶门	1.25	
厂库大门	1.10	
单层木窗	1.00	
双层(一玻一纱)窗	1.36	
双层框扇(单裁口)窗	2.00	
双层框三层(二玻一纱)窗	2.60	
单层组合窗	0.83	
双层组合窗	1.13	
木百叶窗	1.50	
木扶手(不带托板)	1.00	按延长米计算
木扶手(带托板)	2.60	
窗帘盒	2.04	
封檐板、顺水板	1.74	
挂衣板、单独木线 100 mm 以外	0.52	
生活园地框、挂镜线、单独木线 100 mm 以内	0.35	
木地板、木踢脚线	1.00	长×宽

项目名称	系数	工程量计算方法
木楼梯(不包括底面)	2.30	水平投影面积
木板、纤维板、胶合板天棚、檐口	1.00	长×宽
清水板条天棚、檐口	1.07	
木方格吊顶天棚	1.00	
吸音板墙面、天棚面	0.87	
木护墙、墙裙	1.00	
窗台板、筒子板、门窗套	1.00	
暖气罩	1.00	
屋面板(带檩条)	1.11	斜长×宽
木间壁、木隔断	1.90	单面外围面积
玻璃间壁露明墙筋	1.65	
木栅栏、木栏杆(带扶手)	1.82	
木屋架	1.79	跨度(长)×中高×0.5
衣柜、壁柜	1.00	按实刷展开面积
零星木装修	1.10	
梁、柱饰面	1.00	

2.隔墙(间壁)、隔断、护壁木龙骨刷防火漆,按隔墙(间壁)、隔断、护壁木龙骨的垂直投影面积计算。

3.柱面木龙骨刷防火漆按柱装饰面外表面积计算。

4.木地板木龙骨刷防火漆按木地板水平投影面积计算。

5.基层板刷防火漆按板面面积计算,双面涂刷时,工程量乘以系数2。

6.金属面油漆按表 3-8 规定的工程量系数计算。

表 3-8 金属面油漆工程量系数表

项目名称	系数	工程量计算方法
单层钢门窗	1.00	洞口面积
双层(一玻一纱)钢门窗	1.48	
百叶钢门	2.74	
半截百叶钢门	2.22	
满钢门或包铁皮门	1.63	
钢折叠门	2.30	
射线防护门	2.96	框(扇)外围面积
厂库房平开、推拉门	1.70	
铁丝网大门	0.81	
间壁	1.85	长×宽
平板屋面	0.74	斜长×宽
瓦垄板屋面	0.89	
排水、伸缩缝盖板	0.78	展开面积
暖气罩	1.63	水平投影面积

7. 钢构(配)件按型材的展开面积以平方米计算。

8. 抹灰面油漆、喷(刷)涂料及裱糊的工程量：楼地面、天棚、墙、柱、梁面按装饰工程相应的工程量计算规则规定计算,混凝土花格窗、栏杆花饰按单面外围面积计算。

任务二十二　其他工程工程量计算

一、任务要求

能根据《湖南省建筑工程消耗量标准》(2014)列出需要计算的定额工程量的项目名称、计量单位,能依据《湖南省建筑工程消耗量标准》(2014)中的计算规则计算这些项目的工程量。

二、技能目标

能依据施工平面图、施工剖面图、施工立面图、设计总说明、定额工程量计算规则准确计算其他工程工程量项目的定额工程量。

三、任务分解

1.对照图纸和《湖南省建筑工程消耗量标准》(2014)列出本工程中的项目名称。

2.依据图纸和《湖南省建筑工程消耗量标准》(2014)中的计算规则计算工程量,并准确填写计算单位。

四、计算规则

1.招牌、灯箱。

(1)平面招牌基层按正立面面积计算,复杂形的凹凸造型部分亦不增减。

(2)沿雨篷、檐口或阳台走向的立式招牌基层,按平面招牌复杂型执行时,应按展开面积计算。

(3)箱体招牌和竖式标箱的基层,按外围体积计算。突出箱外的灯饰、店徽及其他艺术装潢等均另行计算。

(4)灯箱的面层按展开面积以平方米计算。

(5)广告牌钢骨架以吨计算。

2.美术字安装按字的最大外围矩形面积以个计算。

3.压条、装饰线条均按延长米计算。

4.暖气罩(包括脚的高度在内)按正立面边框外围尺寸垂直投影面积计算。

5.镜面玻璃安装、盥洗室木镜箱以正立面面积计算。

6.塑料镜箱、毛巾环、肥皂盒、金属帘子杆、浴缸拉手、毛巾杆安装以只或副计算。大理石洗漱台以台面投影面积计算(不扣除孔洞面积)。

7.货架、柜类均以正立面的高(包括脚的高度在内)乘以宽以平方米计算。

8.收银台、试衣间等以个计算,其他以延长米为单位计算。

任务二十三　装饰脚手架及项目成品保护费计算

一、任务要求

能根据《湖南省建筑工程消耗量标准》(2014)列出需要计算的定额工程量的项目名

称、计量单位,能依据《湖南省建筑工程消耗量标准》(2014)中的计算规则计算这些项目的工程费用。

二、技能目标

能依据施工平面图、施工剖面图、施工立面图、设计总说明、定额工程量计算规则准确计算装饰脚手架及项目成品保护费。

三、任务分解

1. 对照图纸和《湖南省建筑工程消耗量标准》(2014)列出本工程中的项目名称。

2. 依据图纸和《湖南省建筑工程消耗量标准》(2014)中的计算规则计算工程费用。

四、计算规则

1. 装饰装修脚手架。

(1) 满堂脚手架按实际搭设的水平投影面积计算,不扣除附墙柱、柱所占面积,其基本层高以 3~5.2 m 为准。凡 3.6~5.2 m 的天棚抹灰及装饰装修,应计算满堂脚手架基本层;层高超过 5.2 m,每增加 1.2 m 计算一个增加层,增加层的层数＝(层高－5.2 m)/1.2 m,按四舍五入取整数。室内凡计算了满堂脚手架者,其内墙面装饰不再计算装饰架,只按每 100 m² 墙面垂直投影面积增加改架工 1.28 工日。

(2) 装饰装修外脚手架,按外墙的外边线长乘以墙高以平方米计算,不扣除门窗洞口的面积。同一建筑物各面墙的高度不同,且不在同一步距内时,应分别计算工程量。项目中所指的檐口高度 5~45 m,是指建筑物自设计室外地坪面至外墙顶点或构筑物顶面的高度。

(3) 利用主体外脚手架改变其步高作为外墙面装饰架时,按每 100 m² 外墙面垂直投影面积,增加改架工 1.28 工日;独立柱按柱周长增加 3.6 m 乘以柱高,并套用装饰装修外脚手架相应高度项目。

(4) 内墙面装饰脚手架,均按内墙面垂直投影面积计算,不扣除门窗洞口的面积。

(5) 封闭式安全笆按实际封闭的垂直投影面积计算。

(6) 斜挑式安全笆按实际搭设的斜面面积(长×宽)计算。

(7) 满挂安全网按实际满挂的垂直投影面积计算。

2. 项目成品保护工程量计算规则按相应子目规则执行。

任务二十四　垂直运输及超高增加费计算

一、任务要求

能根据《湖南省建筑工程消耗量标准》(2014)列出需要计算的定额工程量的项目名称、计量单位,能依据《湖南省建筑工程消耗量标准》(2014)中的计算规则计算这些项目的工程费用。

二、技能目标

能依据施工平面图、施工剖面图、施工立面图、设计总说明、定额工程费用计算规则准确计算垂直运输及超高增加费定额工程费用。

三、任务分解

1. 对照图纸和《湖南省建筑工程消耗量标准》(2014)列出本工程中的项目名称。
2. 依据图纸和《湖南省建筑工程消耗量标准》(2014)中的计算规则计算工程费用。

四、计算规则

1. 垂直运输费按装饰装修楼层,包括垂直运输高度大于 3.6 m 地下室的分部分项、措施项目中的人工消耗量计算。
2. 增加费按檐口高度 20 m 以上装饰装修工程的人工费、机械费,分别乘以人工、机械增加系数。

任务二十五　清单报价文件的编制

本书中清单报价文件依据《湖南省建筑工程消耗量标准》(2014)、《湖南省建筑装饰装修工程消耗量标准》(2014)、《湖南省建设工程计价办法》和《关于增值税条件下计费程序和计费标准的规定》湘建价〔2016〕72 号等文件,其他各省可依据地区标准按步骤进行。

一、任务要求

对照图纸和《房屋建筑与装饰工程工程量计算规范》(GB 50854—2013)及定额工程量列出各分部分项工程清单项目名称、计量单位、项目特征,编制 12 位清单编码,根据《湖南省建设工程计价办法》计算相应费用并编制清单报价文件。

二、技能目标

能编制工程的清单报价文件,做到不漏项、不错算,编制成果能够作为投标人的报价文件。

三、任务分解

1. 对照图纸和《房屋建筑与装饰工程工程量计算规范》(GB 50854—2013)及定额工程量列出各分部分项工程清单项目名称、计量单位、项目特征及 12 位项目编码。

2. 能依据《湖南省建设工程计价办法》及相关文件正确组表,计算工程总造价。

四、组表步骤

1. 根据各分部分项工程定额工程量查《湖南省建筑工程消耗量标准》(2014)、《湖南省建筑装饰装修工程消耗量标准》(2014),确定定额编码及人材机组成;依据《房屋建筑与装饰工程工程量计算规范》(GB 50854—2013)确定清单编码;根据招标文件工程清单工程量,填写清单项目人材机用量与单价表(表 3-15)。

2. 根据清单项目人材机用量与单价表的内容及市场价格计算并填写清单项目直接费用预算表(表 3-14),得出市场价单价和直接费指标。

3. 根据清单项目直接费用预算表(表 3-14)和各取费标准填写清单项目费用计算表(表 3-16),并计算各清单项目的建安造价、销项税额、附加税费和工程造价。

4. 根据清单项目费用计算表(表 3-16)填写单位工程工程量与造价表(表 3-13),并计算综合单价。

5. 根据各清单项目的单位工程工程量与造价表(表 3-13)填写单位工程费用计算表(表 3-12),并计算工程的建安造价、销项税额、附加税费和工程造价。

6. 根据清单项目人材机用量与单价表(表 3-15)将各清单项目的材料及机械汇总,填写单位工程人材机用量与单价表(表 3-17)。

7. 根据以上表格、计价依据、编制方法填写表(表 3-11)工程计价总说明(表 3-11)。

8. 根据承包人情况、编制人情况填写表(表 3-10)工程计价文件扉页(表 3-10)并盖章。

9. 根据清发包人、承包人、招标人、投标人、造价咨询师、工程名称及编制时间,填写工程计价文件封面(表 3-9)并盖章。

为方便读者编制清单报价文件,依据《湖南省建设工程计价办法》和《关于增值税条件下计费程序和计费标准的规定》湘建价〔2016〕72 号,按表格组成顺序将各表列出,供读者参考。

表 3-9 工程计价文件封面

工程名称：_____

投 标 总 价

投 标 人：_____

（单位盖章）

年　月　日

表 3-10　　　　　　　　　　　　　工程计价文件扉页

投 标 总 价

招　标　人：＿＿＿＿＿＿＿＿＿＿＿＿＿

工 程 名 称：＿＿＿＿＿＿＿＿＿＿＿＿＿

投标总价(小写)：＿＿＿＿＿＿＿＿＿＿＿＿＿

（大写）：＿＿＿＿＿＿＿＿＿＿＿＿＿

投　标　人：＿＿＿＿＿＿＿＿＿＿＿＿＿

（单位盖章）

法定代表人
或其授权人：＿＿＿＿＿＿＿＿＿＿＿＿＿

（签字或盖章）

编制人：＿＿＿＿＿＿＿＿＿＿＿＿＿

（造价工程师签字盖专用章）

时　间：＿＿＿＿年＿＿月＿＿日＿＿＿

表 3-11 　　　　　　　　　　　　　 **总说明**

工程名称：　　　　　　　　　　　　　　　　　　　　　　　　第　页　共　页

一、工程概况
二、编制依据
三、需要说明的问题
四、总预算金额

表 3-12　　　　　　　　　　　**单位工程费用计算表**

（一般计税法）

工程名称：　　　　　标段：　　　　　用途：　　　　　第　页　共　页

序号	工程内容	计费基础说明	费率/%	金额/元	备注
1	直接费用	1.1＋1.2＋1.3			
1.1	人工费				
1.2	材料费				
1.3	机械费				
2	各项费用和利润	2.2＋2.3＋2.4＋2.5＋2.6＋2.7			
2.1	取费基础				
2.1.1	人工费				
2.1.2	机械费				
2.2	管理费				
2.3	利润				
2.4	安全文明费				
2.5	冬雨季施工费				
2.6	规费	2.6.1＋2.6.2＋2.6.3＋2.6.4＋2.6.5			
2.6.1	工程排污费				
2.6.2	职工教育经费和工会经费				
2.6.3	住房公积金				
2.6.4	安全生产责任险				
2.6.5	劳保基金				
2.7	其他项目费				
3	建安造价	1＋2			
4	销项税额	3×税率			
5	附加税费	（3＋4）×费率			
6	暂列金额				
	工程造价	3＋4＋5＋6			

注：1.采用一般计税法时,材料、机械台班单价均执行除税单价。

2.直接费用＝$\sum$工日数量×工日单价(市场价)＋$\sum$材料用量×材料预算价格＋$\sum$机械台班用量×机械台班单价(市场价)。

3.建安造价(销售额)＝直接费用＋各项费用和利润。

表 3-13

单位工程工程量与造价表
（一般计税法）

工程名称： 标段： 用途： 第 页 共 页

序号	项目编码	项目名称	项目特征描述	计量单位	工程量	金额/元				
						综合单价	合价	其 中		
								建安造价	销项税额	附加税费
本页合计										

表 3-14

清单项目直接费用预算表
（一般计税法）

工程名称：　　　　　　　　　　标段：　　　　　　　　　　用途：　　　　　　　　　　第　页　共　页

清单编码	名称	数量	计量单位				数量	市场价					直接费用指标
消耗量标准编号	项目名称	单位	数量	基期价				小计		其中			
				单价	小计		单价		人工费	材料费	机械费		
合计（元）												

注：1. 清单直接费用指标＝合计金额/数量。
　　2. 安装工程材料费中已包含主材费和设备费用。

表 3-15 清单项目人材机用量与单价表

（一般计税法）

工程名称： 标段： 用途：

工清单编号： 单位： 数量： 第 页 共 页

序号	编码	名称 （材料、机械规格型号）	单位	数量	基期价/元	市场价/元	合价/元	备注
		本页小计						

注：合价＝市场价（除税）×数量。

表 3-16　　　　　　　　　　　清单项目费用计算表

（一般计税法）

工程名称：　　　　　　标段：　　　　　用途：

清单编号：　　　　　　单位：　　　　　数量：　　　　　　第 页　共 页

序号	工程内容	计费基础说明	费率/%	金额/元		备注
				合计	单价	
1	直接费用	1.1＋1.2＋1.3				
1.1	人工费					
1.2	材料费					
1.3	机械费					
2	各项费用和利润	2.2＋2.3＋2.4＋2.5＋2.6				
2.1	取费基础					
2.1.1	人工费					
2.1.2	机械费					
2.2	管理费					
2.3	利润					
2.4	安全文明费					
2.5	冬雨季施工费					
2.6	规费	2.6.1＋2.6.2＋2.6.3＋2.6.4＋2.6.5				
2.6.1	工程排污费					
2.6.2	职工教育经费和工会经费					
2.6.3	住房公积金					
2.6.4	安全生产责任险					
2.6.5	劳保基金					
3	建安造价	1＋2				
4	销项税额	3×税率				
5	附加税费	（3＋4）×费率				
	工程造价	3＋4＋5				

注：1.采用一般计税法时，材料、机械台班单价均执行除税单价。

2.直接费用＝$\sum$ 工日数量×工日单价（市场价）＋$\sum$ 材料用量×材料预算价格＋$\sum$ 机械台班用量×机械台班单价（市场价）。

3.建安造价（销售额）＝直接费用＋各项费用和利润。

4.单价＝合计/数量。

表 3-17　　　　　　　　　　单位工程人材机用量与单价表

（一般计税法）

工程名称：　　　　　　标段：　　　　　　用途：　　　　　　第　页　共　页

序号	编码	名称 （材料、机械规格型号）	单位	数量	基期价/元	市场价/元	合价/元	备注
		本页小计						

注：合价＝市场价（除税）×数量。

项目二 安装工程施工图预算文件的编制

本书该项目中的任务一至任务六为工程定额工程量的计算,参照的标准是《湖南省安装工程消耗量标准》(2014)。其他各省可参照地区标准按书中步骤进行。

任务一 电气分部分项工程定额工程量计算

一、任务要求

能根据《湖南省安装工程消耗量标准》(2014)列出需要计算的定额工程量的项目名称、计量单位,能依据《湖南省安装工程消耗量标准》(2014)中的计算规则计算这些项目的工程量。

二、技能目标

能依据施工平面图、施工系统图、设计总说明、主要设备材料表、定额工程量计算规则准确计算电气分部分项工程工程量项目的定额工程量。

三、任务分解

1.对照图纸和《湖南省安装工程消耗量标准》(2014)列出本工程中的各项目名称。

2.依据图纸和《湖南省安装工程消耗量标准》(2014)中的计算规则计算工程量,并准确填写计算单位。

四、计算规则

(一)变压器安装工程量计算规则

1.变压器安装,按不同容量以台为计量单位。

2.干式变压器如果带有保护罩,则其项目人工和机械乘以系数1.2。

3.条变压器通过试验,判定绝缘受潮时才需进行干燥,所以只有需要干燥的变压器才能计取此项费用(编制施工图预算时可列此项,工程结算时根据实际情况再作处理),

以台为计量单位。

4.消弧线圈的干燥按同容量电力变压器干燥项目执行,以台为计量单位。

5.变压器油过滤不论过滤多少次,直到过滤合格为止,以吨为计量单位,其具体计算方法如下。

(1)变压器安装未包括绝缘油的过滤,需要过滤时,可按制造厂提供的油量计算。

(2)油断路器及其他充油设备的绝缘油过滤,可按制造厂规定的充油量计算。

(二)配电装置安装工程量计算规则

1.断路器、电流互感器、电压互感器、油浸电抗器、电力电容器及电容器柜的安装以台(个)为计量单位。

2.隔离开关、负荷开关、熔断器、避雷器、干式电抗器的安装以组为计量单位,每组按三相计算。

3.交流滤波装置的安装以台为计量单位。每套滤波装置包括三台组架安装,不包括设备本身及铜母线的安装,其工程量应按《湖南省安装工程消耗量标准》电气分册另行计算。

4.高压设备安装均不包括绝缘台的安装,其工程量应按施工图设计执行相应子目。

5.高压成套配电柜和箱式变电站的安装以台为计量单位,均未包括基础槽钢、母线及引下线的配置安装。

6.配电设备安装的支架、抱箍及延长轴、轴套、间隔板等,按施工图设计的需要量计算,执行《湖南省安装工程消耗量标准》中铁构件制作安装。

7.绝缘油、六氟化硫气体、液压油等均按设备带有考虑,电气设备以外的加压设备和附属管道的安装应按相应项目另行计算。

8.配电设备的端子板外部接线,应按《湖南省安装工程消耗量标准》相应项目另行计算。

9.设备安装用的地脚螺栓按土建预埋考虑,不包括二次灌浆。

(三)母线、绝缘子安装工程量计算规则

1.悬垂绝缘子串安装,是指垂直或V形安装的提挂导线、跳线、引下线、设备连接线或设备等所用的绝缘子串安装,按单串以串为计量单位。耐张绝缘子串的安装已包括在软母线安装内。

2.支持绝缘子安装分别按安装在户内、户外、单孔、双孔、四孔固定,以个为计量单位。

3.穿墙套管安装不分水平、垂直安装,均以个为计量单位。

4. 软母线安装,是指直接由耐张绝缘子串悬挂部分,按软母线截面大小分别以跨(三相)为计量单位。设计跨距离不同时,不得调整。导线、绝缘子、线夹、弛度调节金具等均按施工图设计用量加规定的损耗率计算。

5. 软母线引下线,是指由 T 形线夹或并沟线夹从软母线引向设备的连接线,以"组"为计量单位,每三相为一组;软母线经终端耐张线夹引下(不经 T 形线夹或并沟线夹引下)与设备连接的部分均执行引下线子目。

6. 两跨软母线间的跳引线安装,以组为计量单位,每三相为一组,不论两端的耐张线夹是螺栓式还是压接式,均执行软母线跳线子目。

7. 设备连接线安装,是指两设备间的连接部分。不论引下线、跳线、设备连接线,均应分别按导线截面、三相为一组计算工程量。

8. 组合软母线安装,按三相为一组计算。跨距(包括水平悬挂部分和两端引下部分之和)以 45 m 以内考虑,跨度的长与短不得调整。导线、绝缘子、线夹、金具按施工图设计用量加损耗率计算。

9. 软母线安装预留长度按表 3-18 计算。

表 3-18   **软母线安装预留长度**   (单位:米/根)

项目	耐张	跳线	引下线、设备连接线
预留长度	2.5	0.8	0.6

10. 带形母线安装及带形母线引下线安装包括铜排、铝排,分别以不同截面和片数以米/相为计量单位。母线和固定母线的金具均按设计计量加损耗率计算。

11. 钢带形母线安装,按同规格的铜母线执行。

12. 母线伸缩接头及铜过渡板安装均以个为计量单位。

13. 槽形母线安装以米/相为计量单位。槽形母线与设备连接分别以连接不同的设备以台为计量单位。槽形母线及固定槽形母线的金具按设计用量加损耗率计算。壳的大小尺寸以米为计量单位,长度按设计共箱母线的轴线长度计算。

14. 低压(380 V 以下)封闭式插接母线槽安装分别按导体的额定电流大小以米为计量单位,长度按设计母线的轴线长度计算;分线箱以台为计量单位,分别以电流大小按设计数量计算。

15. 重形母线安装包括铜母线、铝母线,分别按截面大小以母线的成品质量以吨为计量单位。

16. 重形铝母线接触面加工是指铸造件需加工接触面时,可以按其接触面大小,分别以片/相为计量单位。

17.硬母线配置安装预留长度按表 3-19 的规定计算。

表 3-19　　　　　　　　　　**硬母线配置安装预留长度**　　　　　　　　（单位:米/根）

序号	项目	预留长度	说明
1	带形、槽形母线终端	0.3	从最后一个支持点算起
2	带形、槽形母线与分支线连接	0.5	分支线预留
3	带形母线与设备连接	0.5	从设备端子接口算起
4	多片重形母线与设备连接	1.0	从设备端子接口算起
5	槽形母线与设备连接	0.5	从设备端子接口算起

18.带形母线、槽形母线安装均不支持瓷瓶安装和钢构件配置安装,其工程量应分别按设计成品数量执行相应项目。

（四）控制设备及低压电器安装工程量计算规则

1.控制设备及低压电器安装均以台为计量单位。以上设备安装均为包括基础槽钢、角钢制作安装,其工程量应按相应项目另行计算。

2.铁构件制作安装均按施工图实际尺寸,以成品质量计算,以千克为计量单位。

3.网门、保护网制作安装,按网门或保护网设计图示的框外围尺寸,以米为计量单位。

4.盘柜配线分不同规格,以米为计量单位。

5.盘、箱、柜的外部进出线预留长度按表 3-20 计算。

表 3-20　　　　　　　　　　**盘、箱、柜的外部进出线预留长度**　　　　　　（单位:m）

序号	项目	预留长度	说明
1	各种箱、柜、盘、板、盒	高+宽	盘面尺寸
2	单独安装的铁壳开关、自动开关、刀开关、启动器、箱式电阻器、变阻器	0.5	从安装对象中心算起
3	继电器、控制开关、信号灯、按钮、熔断器等小电器	0.3	从安装对象中心算起
4	分支接头	0.2	分支线预留

6.配电板制作安装及包铁皮按配电板图示外形尺寸,以米为计量单位。

7.焊(压)接端子只适用于导线,电缆终端头制作安装中已包括压接线端子,不得重复计算。

8.端子板外部接线按设备盘、箱、柜、台的外部接线图计算。

9.盘、柜配线只适用于盘上小设备元件的少量现场配线,不适用于工程设备的修、配、改工程。

(五)蓄电池安装工程量计算规则

1.铅酸蓄电池和碱性蓄电池安装,分别按容量大小以单体蓄电池个数为计量单位,按施工图设计的数量计算工程量。项目内已包括了电解液的材料消耗。

2.免维护蓄电池安装以组件为计量单位,其具体计算如下。

某项工程设计一组蓄电池为 220 V/(500 A·h),由 18 个 12 V 的组件组成,那么就应该套用 12 V/(500 A·h)的相应子目。

3.蓄电池充放电按不同容量以组为计量单位。

(六)电机安装工程量计算规则

1.发电机、调相机、电动机的电气检查接线,均以台为计量单位。直流发电机组和多台一串的机组,按单台电机分别执行。

2.电机定额的界限划分:单台电机质量在 3 t 以下的为小型电机,单台电机质量在 3~30 t 的为中型电机,单台电机质量在 30 t 以上的为大型电机。

3.小型电机按电机类别和功率大小执行相应定额,大、中型电机不分类别一律按电机质量执行相应定额。

(七)滑触线装置安装计算规则

1.滑触线装置安装区分名称,型号,规格,材质,支架形式、材质,移动软电缆材质、规格、安装部位,拉紧装置类型,伸缩接头材质、规格,按设计图示尺寸以单相长度计算(含预留长度),以米为计量单位。

说明:支架基础铁件及螺栓是否浇筑需说明。

2.滑触线安装预留长度见表 3-21。

表 3-21　　　　　　　　　　　滑触线安装预留长度　　　　　　　　　　(单位:m)

序号	项目	预留长度	说明
1	圆钢、铜母线与设备连接	0.2	从设备接线端子接口算起
2	圆钢、铜滑触线终端	0.5	从最后一个固定点算起

续表

序号	项目	预留长度	说明
3	角钢滑触线终端	1.0	从最后一个固定点算起
4	扁钢滑触线终端	1.3	从最后一个固定点算起
5	扁钢母线分支	0.5	分支线预留
6	扁钢母线与设备连接	0.5	从设备接线端子接口算起
7	轻轨滑触线终端	0.8	从最后一个支持点算起
8	安全节能及其他滑触线终端	0.5	从最后一个固定点算起

（八）电缆安装工程量计算规则

1.直埋电缆的挖、填土（石）方量，除特殊要求外，可按表 3-22 计算。

表 3-22　　　　　　　　　　直埋电缆的挖、填土（石）方量

项目	电缆根数	
	1～2	每增一根
每米沟长挖方量/m³	0.45	0.153

注：1.两根以内的电缆沟，按上口宽度 600 mm、下口宽度 400 mm、深度 900 mm 计算常规土方量（深度按相关规范的最低标准）。

2.每增加一根电缆，其宽度增加 170 mm。

3.以上土方量是按埋深从自然地坪起算，如设计埋深超过 900 mm 时，多挖的土方量应另行计算。

2.电缆沟盖板揭、盖项目，按每揭或每盖一次以延长米计算，如又揭又盖，则按两次计算。

3.电缆保护管长度，除按设计规定长度计算外，遇有下列情况，应按以下规定增加保护管长度。

（1）横穿道路，按路基宽度两端各增加 2 m。

（2）垂直敷设时，管口距地面增加 2 m。

（3）穿过建筑物外墙时，按基础外缘以外增加 1 m。

（4）穿过排水沟时，按沟壁外缘以外增加 1 m。

4.电缆保护管埋地敷设，其土方量凡有施工图注明的，按施工图计算；无施工图的，一般按沟深 0.9 m、沟宽按最外边的保护管两侧边缘外各增加 0.3 m 工作面计算。

5.电缆敷设按单根以延长米计算,一个沟内(或架上)敷设三根各长100 m的电缆,应按300 m计算,以此类推。

6.电缆敷设长度应根据敷设路径的水平和垂直敷设长度,按表3-23增加附加长度,实际未预留者不得计算工程量。

表 3-23　　　　　　　　　　　　电缆敷设的附加长度

序号	项目	预留(附加)长度	说明
1	电缆敷设弛度、波形弯度、交叉	2.5%	按电缆全长计算
2	各种箱、柜、盘、板	高+宽	按盘面尺寸
3	单独安装的铁壳开关、闸刀开关、启动器、变阻器	0.5 m	从安装对象中心起算
4	继电器、控制开关、信号灯、按钮、熔断器	0.3 m	从安装对象中心起算
5	分支接头	0.2 m	分支线预留
6	电缆进入建筑物	2.0 m	相关规范规定最小值
7	电缆进入沟内或吊架时引上(下)预留	1.5 m	相关规范规定最小值
8	变电所进线、出线	1.5 m	相关规范规定最小值
9	电力电缆终端头	1.5 m	相关规范规定最小值
10	电缆中间接头盒	两端各留2 m	相关规范规定最小值
11	高压开关柜及低压配电盘、箱	2.0 m	盘下进出线
12	电缆至电动机	0.5 m	从电机接线盒起算
13	厂用变压器	3.0 m	从地坪起算
14	电梯电缆与电缆架固定点	每处0.5 m	相关规范规定最小值
15	电缆绕过梁柱等增加长度	按实计算	按被绕物的断面情况计算增加长度

7.电缆终端头及中间头均以个为计量单位,电力电缆和控制电缆均按一根电缆有两个终端头考虑。中间电缆头设计有图示的,按设计确定;设计没有规定的,按实际情况计算(或按平均250 m一个中间头考虑)。

8.吊电缆的钢索及拉紧装置,应按《湖南省安装工程消耗量标准》电气分册相应项目另行计算。

9.钢索的计算长度以两端固定点的距离为准,不扣除拉紧装置的长度。

10.电缆敷设及桥架安装,应按《湖南省安装工程消耗量标准》电气分册估价表第八章说明的综合内容范围计算。

(九)防雷接地安装工程量计算规则

1.接地极制作安装以根为计量单位,其长度按设计长度计算,设计无规定时,每根长度按2.5 m计算,若设计有管帽时,管帽量按加工件计算。

2.接地母线敷设,按设计长度以米为计量单位计算工程。接地母线、避雷线敷设均按延长米计算,其长度按施工图设计和垂直规定长度量另加3.9%的附加长度(包括转弯、上下波动、避绕障碍物、搭接头所占长度)计算,计算主材费时应增加规定的损耗率。

3.接地跨接线以处为计量单位,按规程规定凡需作接地跨接线的工程内容,每跨接一次按一处计算,户外配电装置构架均需接地,每副构架按一处计算。

4.避雷针的加工制作、安装,以根为计量单位,独立避雷针安装以基为计量单位。长度、高度、数量均按设计规定。独立避雷针的加工制作应执行一般铁件制作子目或按成品计算。

5.半导体少长针消雷装置安装以套为计量单位,按设计安装高度分别执行相应子目。装置本身由设备制造厂成套供货。

6.利用建筑物内主筋作接地引下线安装以10米为计量单位,每一柱子内按焊接两根主筋考虑,如果焊接主筋数超过两根时,可按比例调整。

7.断接卡子制作安装以套为计量单位,按设计规定装设的断接卡子数量计算,接地检查井内的断接卡子安装按每井一套计算。

8.高层建筑物屋顶的防雷接地装置应执行避雷网安装定额,电缆支架的接地线安装应执行户内接地母线敷设子目。

9.均压环敷设以米为计量单位,主要考虑利用圈梁内主筋作为均压环接地连线,焊接按两根主筋考虑,超过两根时,可按比例调整。长度按设计需要作均压接地的圈梁中心线长度,以延长米计算。

(十)10 kV以下架空线路安装工程量计算规则

1.工地运输是指估价表内未计价材料从集中材料堆放点或工地仓库运至杆位上的

工程运输,分人力运输和汽车运输,以"10 t·km"为计量单位。

运输量计算公式如下:

$$工程运输量＝施工图用量×(1＋损耗率)$$

预算运输质量＝工程运输量＋包装物质量(不需要包装的可不计算包装物质量)

运输质量可按表 3-24 的规定进行计算。

表 3-24　　　　　　　　　　　　运输质量表

材料名称		单位	运输质量/kg	备注
混凝土制品	人工浇制	m³	2600	包括钢筋
	离心浇制	m³	2860	包括钢筋
线材	导线	kg	$W×1.15$	有线盘
	钢绞线	kg	$W×1.07$	无线盘
木杆材料		m³	500	包括木横担
金属、绝缘子		kg	$W×1.07$	
螺栓		kg	$W×1.01$	

注:1.W 为理论质量。

　　2.未列入者均按净重计算。

2.土石方量计算。

(1)无底盘、卡盘的电杆坑,其挖方体积

$$V＝0.8×0.8×h$$

式中　h——坑深,m。

(2)电杆坑的马道土石方量按每坑 0.2 m³ 计算。

(3)施工操作裕度按底、拉盘底宽每边增加 0.1 m。

(4)电杆坑(放边坡)计算公式:

$$V＝\frac{h[ab＋(a＋a_1)×(b＋b_1)＋a_1×b_1]}{2}$$

式中　V——土(石)方体积,m³;

　　　h——坑深,m;

　　　$a(b)$——坑底宽,m,$a(b)＝$底、拉盘底宽＋2×每边操作裕度;

　　　$a_1(b_1)$——坑口宽,m,$a_1(b_1)＝a(b)＋2×h×$边坡系数。边坡系数按表 3-25

　　　　　取值。

表 3-25   边坡系数

边坡系数	标高/m		7	8	9	10	11	12	13	14
	埋深/m		1.2	1.4	1.5	1.7	1.8	2.0	2.2	2.5
	底盘规格		600×600			800×800			1000×1000	
1：0.25	土方量/m³	带底盘	1.36	1.78	2.02	3.39	3.76	4.60	6.78	8.76
		不带底盘	0.82	1.07	1.21	2.03	2.26	2.76	4.12	5.26

3. 各类土质的放坡系数按表 3-26 计算。

表 3-26   各类土质的放坡系数

土质	普通土、水坑	坚土	松砂石	泥水、流砂、岩石
放坡系数	1：0.3	1：0.25	1：0.2	不放坡

4. 冻土厚度大于 300 mm 时,冻土层的挖方量按挖坚土项目,其基价乘以系数 2.5。其他土层仍按土质性质执行《湖南省安装工程消耗量标准》电气分册估价表。

5. 杆坑土质按一个坑的主要土质而定,如一个坑大部分为普通土,少量为坚土,则该坑应全部按普通土计算。

6. 带卡盘的电杆坑,如原计算的尺寸不能满足卡盘安装时,因卡盘超长而增加的土(石)方量另计。

7. 底盘、卡盘、拉线盘按设计用量以块为计量单位。

8. 杆塔组立,区别杆塔形式和高度按设计数量以根为计量单位。

9. 拉线制作安装按施工图设计规定,区别不同形式,以组为计量单位。

10. 横担安装按施工图设计规定,分不同形式和截面,以根为计量单位,估价表按单根拉线考虑,若安装 V 形、Y 形或拼型拉线时,按 2 根计算。拉线长度按设计全根长度计算,设计无规定时可按表 3-27 计算。

表 3-27   接线长度   (单位:米/根)

项目		普通拉线	V(Y)形拉线	弓形拉线
杆高/m	8	11.47	22.94	9.33
	9	12.61	25.22	10.10
	10	13.74	27.48	10.92

续表

项目		普通拉线	V(Y)形拉线	弓形拉线
杆高/m	11	15.10	30.20	11.82
	12	16.14	32.28	12.62
	13	18.69	37.38	13.42
	14	19.68	39.36	15.12
水平拉线		26.47		

11. 导线架设,区别导线类型和不同截面以"千米/单线"为计量单位计算。导线预留长度按表 3-28 规定计算。导线长度按线路总长度和预留长度之和计算。计算主材费时应另增加规定的损耗率。

表 3-28　　　　　　　　　　　　　导线预留长度　　　　　　　　　　　（单位:米/根）

项目名称		长度
高压	转角	2.5
	分支、终端	2.0
低压	分支、终端	0.5
	交叉跳线转角	1.5
与设备连线		0.5
进户线		2.5

12. 导线跨越架设,包括越线架的搭、拆、运输及因跨越(障碍)施工难度增加而增加的工作量,以处为计量单位。每个跨越间距按 50 m 以内考虑,50~100 m 时按 2 处计算,以此类推。在计算架线工程量时,不扣除跨越档的长度。

13. 杆上变配电设备安装以台为计量单位,设备的接地装置和调试应按相应子目另行计算。

(十一)电气调试安装工程量计算规则

1. 电气调试系统的划分以电气原理系统图为依据,在系统调试项目中各工序的调试费用如需单独计算,可按表 3-29 所列比例计算。

表 3-29   **电气调试系统各工序的调试费用比例**

工序	发电机调相机系统	变压器系统	送配电设备系统	电动机系统
一次设备本体试验	30	30	40	30
附属高压二次设备试验	20	30	20	30
一次电流及二次回路检查	20	20	20	20
继电器及仪表试验	30	20	20	20

2. 电气调试所需的电力消耗已包括在估价表内,一般不另计算。但对于 10 kW 以上电机及发电机的启动调试费用的蒸汽、电力和其他动力能源消耗及变压器空载试运转的电力消耗,则应另行计算。

3. 供电桥回路的断路器、母线分段断路器,均按独立的送配电设备系统计算调试费。

4. 送配电设备系统调试是按一侧有一台断路器考虑的,若两侧均有断路器,则应按两个系统计算。

5. 送配电设备系统调试,适用于各种供电回路(包括照明供电回路)的系统调试。凡供电回路中带有仪表、继电器、电磁开关等调试元件的(不包括闸刀开关、保险器),均按调试系统计算。移动式电器和以插座连接的家电设备及经厂家调试合格、不需要用户自调的设备均不应计算调试费用。

6. 一般的住宅、学校、办公楼、旅馆、商店等民用电气工程的供电调试规定如下。

(1)配电室内带有调试元件的盘、箱、柜和带有调试元件的照明主配电箱,应按供电方式执行相应的配电设备系统调试子目。

(2)每个用户房间的配电箱(板)上虽装有电磁开关等调试元件,但如果生产厂家已按固定的常规参数调整好,不需要安装单位进行调试就可直接投入使用的,不得计取调试费用。

(3)民用电度表的调整校验属于供电部门的专业管理,一般皆由用户向供电局订购调试完毕的电度表,不得另外计算调试费用。

7. 变压器系统调试,以每个电压侧有一台断路器为准,多于一个断路器的按相应电压等级送配电设备系统调试的相应项目另行计算。

8. 干式变压器,执行相应容量变压器调试子目乘以系数 0.8。

9. 特殊保护装置,均以构成一个保护回路为一套,其工程量计算规定如下。

(1)发电机转子接地保护,按全厂发电机共用一套考虑。

(2)距离保护,按设计规定所保护的送电线路断路器台数计算。

（3）高频保护，按设计规定所保护的送电线路断路器台数计算。

（4）零序保护，按发电机、变压器、电动机的台数或送电线路断路器的台数计算。

（5）故障录波器的调试，以一块屏为一套系统计算。

（6）失灵保护，按设置该保护的断路器台数计算。

（7）失磁保护，按所保护的电机台数计算。

（8）变流器的断流保护，按变流器台数计算。

（9）小电流接地保护，按装设该保护的供电回路断路器台数计算。

（10）保护检查及打印机调试，按构成该系统的完整回路为一套计算。

10. 自动装置及信号系统调试，均包括继电器、仪表等元件本身和二次回路的调整试验，具体规定如下。

（1）备用电源自动投入装置，按连锁机构的个数确定备用电源自投装置系统数。一个备用厂用变压器，作为三段厂用工作母线备用的厂用电源，计算备用电源自动投入装置调试时，应为三个系统。装设自动投入装置的两条互为备用的线路或两台变压器，计算备用电源自动投入装置调试时，应为两个系统。备用电动机自动投入装置亦按此计算。

（2）线路自动重合闸调试系统，按采用自动重合闸装置的线路自动断路器的台数计算系统数。

（3）自动调频装置的调试，以一台发电机为一个系统。

（4）同期装置调试，按设计构成一套能完成同期并车行为的装置为一个系统计算。

（5）蓄电池及直流监视系统调试，一组蓄电池按一个系统计算。

（6）周波减负荷装置调试，凡有一个周率继电器，不论带几个回路，均按一个调试系统计算。

（7）变送屏以屏的个数计算。

（8）中央信号装置调试，按每一个变电所或配电室为一个调试系统计算工程量。

（9）事故照明切换装置调试，按设计能完成交直流切换的一套装置为一个调试系统计算。

11. 接地网的调试规定如下。

（1）接地网接地电阻的测定。一般的发电厂或变电站连为一个母网，按一个系统计算；自成母网不与厂区母网相连的独立接地网，另按一个系统计算，虽然最后也将各接地网连在一起，但应按各自的接地网计算，不能作为一个网，具体应按接地网的试验情况而定。

（2）避雷针接地电阻的测定。避雷针有单独接地网（包括独立的避雷针、烟囱避雷针等)时,均按一组计算。

(3)独立的接地装置按组计算。如一台柱上变器压有一个独立的接地装置,即按一组计算。

12.避雷器、电容器的调试,按每三相为一组计算;单个装设的亦按一组计算,上述设备如设置在发电机、变压器、输(配)电线路的系统或回路中,仍应按相应项目另外计算调试费用。

13.高压电气除尘系统调试,按一台升压变压器、一台机械整流器及附属设备为一个系统计算,分别按除尘器面积范围执行估价表。

14.硅整流装置调试,按一套硅整流装置为一个系统计算。

15.普通电动机的调试,分别按电机的控制方式、功率、电压等级,以台为计量单位。

16.可控硅调速直流电动机调试以系统为计量单位,其调试内容包括可控硅整流装置和直流电动机控制回路系统两个部分的调试。

17.交流变频调速电动机调试以系统为计量单位,其调试内容包括变频装置系统和交流电动机控制回路系统两个部分的调试。

18.高标准的高层建筑、高级宾馆、大会堂、体育馆等具有较高控制技术的电气工程(包括照明工程),应按控制方式执行相应的电气调试项目。

(十二)配管、配线安装工程量计算规则

1.配管安装。

(1)各种配管应区别不同敷设方式、敷设位置、管材材质、规格,以延长米为计量单位,不扣除管路中间的接线箱(盒)、灯头盒、开关盒所占长度。

(2)配管工程中不包括钢索架设及拉紧装置、接线箱、盒、支架的制作安装,其工程量应另行计算。

(3)计算方法:可采用顺序计算方法、分片计算方法、分层计算方法。

顺序计算方法:从起点到终点,从配电箱起按各个回路进行计算。

分片计算方法:计算工程量时,按建筑平面形状特点及系统图的组成特点分片划块分别计算,然后分类汇总。

分层计算方法:在一个分项工程中,如遇有多层或高层建筑物时,可采用底层至顶层分层计算的方法进行计算。

①水平方向敷设的线管工程量计算。

水平方向敷设的线管以施工平面图中的线管走向、敷设部位和设备(灯具、开关、插座等)安装位置的中心点为依据,利用建筑物平面图所标注墙、柱等轴线尺寸进行线管长度的计算。如果没有轴线尺寸可以利用,则用比例尺或直尺直接在平面图上量取出线管长度。

当线管沿墙暗敷时,按相关墙轴线尺寸计算该配管长度。线管沿墙明敷时,按相关墙面净空长度尺寸计算该线管长度。

②垂直方向敷设的线管工程量计算。

垂直方向敷设的管(沿墙、柱引上或引下),无论明装还是暗装,其工程量的计算都与楼层高度及箱、柜、盘、开关等设备的安装高度有关。

垂直方向敷设的配管长度=楼层高度-设备(配电箱、灯具、开关、插座等,下同)距楼地面安装高度-设备自身高度

在实际应用时通常将开关、插座自身的高度忽略。

当配管埋地暗配,穿出地面或向墙上插座等设备配管时,按埋地深度和由地面引上至设备的高度进行计算。通常在楼地面埋设深度按 0.1 m 考虑,如果埋设在底层地面下时通常按 0.3 m 考虑;设备落地安装时,其基础高度按 0.2 m 考虑。

(4) 接线箱安装工程量,应区别安装形式(明装、暗装)、接线箱半周长,以个为计量单位计算。

(5) 接线盒安装工程量,应区别安装形式(明装、暗装、钢索上)及接线盒类型,以个为计量单位计算。接线盒为灯位盒、接线盒的统称,开关盒为开关盒、插座盒的统称。钢管配钢质接线盒,塑料管配塑料接线盒。

配线保护管遇到下列情况之一时,应增设管路接线盒和拉线盒:①管长度每超过 30 m,无弯曲;②管长度每超过 20 m,有 1 个弯曲;③管长度每超过 15 m,有 2 个弯曲;④管长度每超过 8 m,有 3 个弯曲。

垂直敷设的电线保护管遇到下列情况之一时,应增设固定导线用的拉线盒:①管内导线截面为 50 mm² 及 50 mm² 以下,长度每超过 30 m;②管内导线截面为 70~95 mm² 及 70~95 mm² 以下,长度每超过 20 m;③管内导线截面为 120~240 mm² 及 120~240 mm² 以下,长度每超 18 m。

在配管清单项目计量,设计无要求时,上述规定可以作为计量接线盒、拉线盒的依据。

2. 配线安装。

(1) 管内穿线的工程量,应区别线路性质、导线材质、导线截面,以单线延长米为计量单位计算。线路分支接头线的长度已综合考虑在项目基价中,不得另行计算。照明线路中的导线截面不小于 6 mm² 时,应执行动力线路穿线相应项目。

(2) 灯具,明、暗开关,插座,按钮等的预留线,已分别综合在相应子目内,不再另行计算。

（3）计算方法：管内穿线单线长度＝（配管长度＋规定的导线预留长度）×管内所穿同型号规格导线根数，导线预留长度见表 3-30。

表 3-30　　　　　　　　　　　　　　连接设备导线预留长度（每一根线）

序号	项目	预留长度/m	说明
1	各种开关箱、柜、板	高＋宽	盘面尺寸
2	单独安装（无箱、盘）的铁壳开关、闸刀开关、启动器、母线槽进出线盒等	0.3	以安装对象中心算
3	由地平管子出口引至动力接线箱	1	以管口计算
4	电源与管内导线连接（管内穿线与软、硬母线接头）	1.5	以管口计算
5	出户线	1.5	以管口计算

（十三）照明器具安装工程量计算规则

1.各型灯具工程量按图示个数以个、套计。

2.各型灯具的引导线，除注明者外，均已综合考虑在消耗量内，执行时不得换算。

3.投光灯、碘钨灯、氙气灯、烟囱或水塔指示灯，均已考虑了一般工程的高空作业因素，其他器具安装高度如超过 5 m，则应按《湖南省安装工程消耗量标准》电气分册说明中规定的超高系数另行计算。

4.装饰灯具项目均已考虑了一般工程的超高作业因素，并包括脚手架搭拆费用。

5.装饰灯具项目与示意图号配套使用。

6.已包括利用摇表测量绝缘及一般灯具的试亮工作（但不包括调试工作）。

7.嵌入式荧光灯如需安装灯架，其灯架参照《湖南省安装工程消耗量标准》电气分册中铁构件制作安装定额。

8.主材中带应急电源的灯具按灯具型号套用相应定额，不得另计安装费和主材费；如主材中不含而另需安装应急电源，则电源安装套用高压水银灯镇流器定额，应急电源另计主材费用。

9.航空障碍灯根据安装高度不同套用烟囱、水塔、独立式塔架标志灯相应定额。

10.灯具安装适用范围见表 3-31。

表 3-31　　　　　　　　　　　　　　灯具安装适用范围

项目名称	灯具种类
软线吊灯	材质为玻璃、塑料、搪瓷，形状如碗、伞、平盘灯罩组成的各式软线吊灯

项目名称	灯具种类
圆球吸顶灯	螺口、卡口圆球吸顶灯
半圆球吸顶灯	半圆球吸顶灯、扁圆罩吸顶灯、平圆形吸顶灯
吊链灯	五星罩、和平鸽罩、水晶罩、明月罩、花篮罩等玻璃罩吊链灯
一般弯脖灯	圆球弯脖灯、马路弯脖灯、风雪壁灯
一般墙壁灯	单双圆筒壁灯、鞍形壁灯、玉柱形壁灯
荧光灯	荧光灯、紫外线灯
直杆工厂吊灯	配照（GCA）、广照（GCA）、深照（GCA）、斜照（GCA）、圆球（GCA）、双罩（GCA）
吊链式工厂灯	配照（GCB）、广照（GCB）、深照（GCB）、圆球（GCB）、斜照（GCC）、双罩（GCA）
吸顶式工厂灯	配照（GCC）、广照（GCC）、深照（GCC）、斜照（GCC）、双罩（GCC）
弯杆式工厂灯	配照（GCP/E）、广照（GCDIE）、深照（GCD/E）、斜照（GCD/E）、双罩（GCC）、局部深罩（GCF/H）
悬挂式工厂灯	配照（GC-1,2）、深照（GC-1,2,3）、广照（GCA,B,C）、广照、有保护网散照（GCA,B,C）
防水防尘灯	散照（GCA,B,C,D,E,F,G）
腰形舱顶灯	腰形舱顶灯 CCD 舱-1
碘钨灯	DW 型、220 V,300～10000 W 以内
管形氙气灯	自然冷却式 220/380 V、20 kW 内
投光灯	TG 型室外投光灯
高压水银灯镇流器	外附式镇流器 125～450 W
安全灯	（AOB-1,2,3）、（AOC-1,2)型安全灯
防爆灯	CB C-200 型防爆灯
高压水银防爆灯	CB C-125,250 型高压水银防爆灯
防爆荧光灯	CB C-1 单,2 双型高压水银防爆灯
病房指示灯	病房指示灯、影剧院太平灯

项目名称	灯具种类
病房暗脚灯	病房或其他建筑物暗脚灯
无影灯	3~12孔管式无影灯
面包灯	面包灯、大小口橄榄罩等
大口方罩顶灯	大小口方罩、大小矩形罩顶灯

11. 筒灯、格栅灯及其他灯具的嵌入式安装均不包括顶棚的开孔。

12. 格栅灯的安装参照同类型荧光灯嵌入式安装子目。

13. 开关、按钮安装的工程量,应区别开关、按钮安装形式,开关、按钮种类,开关极数及单控与双控,以套为计量单位计算。

14. 插座安装的工程量,应区别电源相数、额定电流、插座安装形式、插座插孔个数,以套为计量单位计算。

15. 安全变压器安装的工程量,应按安全变压器容量,以台为计量单位计算。

16. 电铃、电铃号码牌箱安装的工程量,应按电铃直径、电铃号牌箱规格(号),以套为计量单位计算。

17. 门铃安装工程量,应按门铃安装形式,以个为计量单位计算。

18. 风扇安装的工程量,应按风扇种类,以台为计量单位计算。

(十四)路灯安装工程量计算规则

路灯安装工程,应区别不同臂长、不同灯数,以套为计量单位计算。工厂厂区内、住宅小区内路灯安装执行《湖南省安装工程消耗量标准》电气分册项目,城市道路的路灯安装执行《湖南省市政工程计价定额》。路灯安装适用范围见表3-32。

表 3-32 路灯安装适用范围

名称	灯具种类
大马路弯灯	臂长 1200 mm 以下、臂长 1200 mm 以上
庭院路灯	三火以下、七火以下

(十五)电梯电气装置安装工程量计算规则

1. 交流手柄操纵或按钮控制(半自动)电梯电气安装的工程量,应区别电梯层数、站数,以部为计量单位计算。

2.交流信号或集选控制(自动)电梯电气安装的工程量,应区别电梯层数、站数,以部为计量单位计算。

3.直流信号或集选控制(自动)快速电梯电气安装的工程量,应区别电梯层数、站数,以部为计量单位计算。

4.直流集选控制(自动)高速电梯电气安装的工程量,应区别电梯层数、站数,以部为计量单位计算。

5.小型杂物电梯电气安装的工程量,应区别电梯层数、站数,以部为计量单位计算。

6.电厂专用电梯电气安装的工程量,应区别配合锅炉容量,以部为计量单位计算。

任务二 消防设备分部分项工程定额工程量计算

一、任务要求

能根据《湖南省安装工程消耗量标准》(2014)列出需要计算的定额工程量的项目名称、计量单位,能依据《湖南省安装工程消耗量标准》(2014)中的计算规则计算这些项目的工程量。

二、技能目标

能依据施工平面图、施工系统图、设计总说明、主要设备材料表、定额工程量计算规则准确计算消防设备分部分项工程工程量项目的定额工程量。

三、任务分解

1.对照图纸和《湖南省安装工程消耗量标准》(2014)列出本工程中的各项目名称。

2.依据图纸和《湖南省安装工程消耗量标准》(2014)中的计算规则计算工程量,并准确填写计算单位。

四、计算规则

(一)火灾自动报警系统安装工程量计算规则

1.点型探测器应按名称、线制(多线制和总线制)、类型(感烟、感温、红外线、火焰、可燃气体等)、规格、安装方式和位置的不同,按设计图示数量计算分别以只为单位计算。点型探测器中的红外线探测器是成对使用的,以对为单位计量,两只为一对。

2. 线形探测器依据不同的安装方式,按设计图示长度计算,以米为单位计量。

3. 按钮安装依据不同的规格,按设计图示数量计算,以只为单位计量。

4. 模块(接口)依据不同的名称、输出形式,按设计图示数量计算,以只为单位计量。

5. 报警控制器、联动控制器、报警联动一体机,依据不同的安装方式、控制点数量、多线制、总线制,按设计图示数量计算,以台为单位计量。

6. 重复显示器应按照不同线制(多线制和总线制),按设计图示数量计算,以台为单位计量。

7. 警报装置依据不同形式,按设计图纸数量计算,以台为单位计量。

8. 远程控制器按其控制回路数,按设计图纸数量计算,以台为单位计量。

9. 火灾事故广播依据不同的设备、型号、规格,按设计图纸数量计算,以台或只为计量单位。

10. 消防通信系统依据不同的设备、型号、规格,按设计图纸数量计算,以台或只为计量单位。

11. 报警备用电源按设计图纸数量计算,以个为计量单位。

(二)水灭火系统安装工程量计算规则

1. 管道安装(水喷淋镀锌钢管)依据不同的安装部位(室内、外)、材质、型号、规格、连接方式,按设计图示管道尺寸管道中心线长度,以延长米计算,不扣除阀门、管件及各种组件所占长度,方形伸缩器以其所占长度按管道安装工程量计算,以米为计量单位。主材数量应按项目用量计算,管件含量见表3-33。

表 3-33　　　　　　　　　**镀锌钢管(螺纹连接)管件含量表**　　　　　　(单位:10 m)

项目	名称	公称直径/mm						
		25	32	40	50	70	80	100
管件含量	四通	0.02	1.20	0.53	0.69	0.73	0.95	0.47
	三通	2.29	3.24	4.02	4.13	3.04	2.95	2.12
	弯头	4.92	0.98	1.69	1.78	1.87	1.47	1.16
	管箍	—	2.65	5.99	2.73	3.27	2.89	1.44
	小计	7.23	8.07	12.23	9.33	8.91	8.26	5.19

注:钢管沟槽连接管件数量按设计用量另计,但安装费已包括在有关管道安装费内。

镀锌钢管安装也适用于镀锌无缝钢管,其对应关系见表 3-34。

表 3-34　　　　　　　　　　　　　　**对应关系表**

公称直径/mm	15	20	25	32	40	50	70	80	100	150	200
无缝钢管外径/mm	20	25	32	38	45	57	76	89	108	159	219

2. 喷头安装应依据不同名称、型号、规格、连接方式区别不同的安装部位(有吊顶、无吊顶),按设计图示数量计算,以个为计量单位。

3. 湿式报警装置安装按设计图示数量计算(按成套产品考虑),以组为单位计量。其他报警装置适用于雨淋、干式、干湿两用及预作用报警装置,其安装执行湿式报警装置安装项目,其人工费乘以系数 1.2,其余不变。成套产品包括的内容详见表 3-35。

表 3-35　　　　　　　　　　　　　　**成套产品包括的内容**

序号	项目名称	型号	包括内容
1	湿式报警装置	ZSS	湿式阀、蝶阀、装配管、供水压力表、装置压力表、试验阀、泄放试验阀、泄放试验管、试验管流量计、过滤器、延时器、水力警铃、报警截止阀、漏斗、压力开关等
2	干湿两用报警装置	ZSL	两用阀、蝶阀、装置截止阀、装配管、加速器、加速器压力表、供水压力表、试验阀、泄放试验阀(湿式)、泄放试验阀(干式)、挠性接头、泄放试验管、试验管流量计、排气阀、截止阀、漏斗、过滤器、延时器、水力警铃、压力开关等
3	电动雨淋报警装置	ZSY1	雨淋阀、蝶阀(2 个)、装配管、压力表、泄放试验阀、流量表、截止阀、注水阀、止回阀、电磁阀、排水阀、手动应急球阀、报警试验阀、漏斗、压力开关、过滤器、水力警铃等
4	预作用报警装置	ZSU	干式报警阀、控制蝶阀(2 个)、压力表(2 块)、流量表、截止阀、排放阀、注水阀、止回阀、泄放阀、报警试验阀、液压切断阀、装配管、供水检验管、气压开关(2 个)、试压电磁阀、应急手动试压器、漏斗、压力开关、过滤器、水力警铃等

序号	项目名称	型号	包括内容
5	室内消火栓	SN	消火栓箱、消火栓、水枪、水龙带、立龙带接扣、挂架、消防按钮
6	室外消火栓	地上式 SS 地下式 SX	地上式消火栓、法兰接管、弯管底座; 地下式消火栓、法兰接管、弯管底座或消火栓三通
7	消防水泵接器	地上式 SQ 地下式 SQX 墙壁式 SQB	消防接口本体、止回阀、安全阀、闸阀、弯管底座、放水阀; 消防接口本体、止回阀、安全阀、闸阀、弯管底座、放水阀; 消防接口本体、止回阀、安全阀、闸阀、弯管底座、放水阀、标牌
8	室内消火栓组合卷盘	SN	消火栓箱、消火栓、水枪、水龙带、水龙带接扣、挂架、消防按钮、消防软管卷盘

4.温感式水幕装置应依据不同规格、型号、连接方式,按设计图示数量计算(包括给水三通至喷头,阀门间的管道、管件、阀门、喷头等的全部安装内容),以组为计量单位。

5.水流指示器、减压孔板依据不同规格、型号,按设计图示数量计算,以个为单位计量。

6.集热板制作应依据不同规格、材质,按设计图示数量计算,以个为单位计量。

7.末端试水装置按不同规格、组装形式,按设计图示数量计算(包括连接管、压力表、控制阀及排水管等),以组为单位计量。

8.室内消火栓依据不同的安装部位、规格、型号、单栓、双栓,按设计图示数量计算,以套为单位计量。

9.室内消火栓组合盘安装,执行室内消防栓安装乘以系数1.2。

10.室外消火栓依据不同的规格、工作压力和覆土深度,按设计图示数量计算,以套为单位计量。

11.消防水泵接合器依据不同的安装部位、规格、型号,按设计图示数量计算(包括消防接口本体、止回阀、安全阀、闸阀、弯管底座、放水阀、标牌),以套为单位计量。

12.隔膜式气压水罐(气压罐)依据不同规格、型号,按设计图示数量计算,以台为单位计量。

13.自动喷水灭火系统管网水冲洗应依据不同的规格,按管网管道延长米计算,分别以米为单位计量。

管道支吊架以综合支架、吊架及防晃支架的制作安装,按设计图示数量计算,以千克为计量单位。

（三）气体灭火系统工程量计算规则

1.管道安装包括无缝钢管的螺纹连接、法兰连接、气体驱动装置管道安装及钢制管件的螺纹连接。

2.各种管道安装依据不同的灭火介质、材质、型号、规格、连接方式,按设计图示设计管道中心线长度,以米为单位计量。不扣除阀门、管件及各种组件所占的长度,主材数量应按项目用量计算。

3.钢制管件螺纹连接区别不同规格,按设计图示数量计算,以个为单位计量。

4.选择阀安装按不同材质、规格和连接方式（螺纹连接和法兰连接）,按设计图示数量计算,分别以个为单位计量。

5.气体喷头安装按不同公称直径,分别按设计图示数量计算,以个为单位计量。

6.贮存装置安装按贮存容器的规格,按设计图示数量计算,以套为单位计量。

7.二氧化碳称重检漏装置安装按不同的容器规格,按设计图示数量计算（包括灭火器、存储器、驱动气瓶、支框架、集流阀、容器阀、单向阀、高压软管和安全阀等贮存装置和阀门驱动装置）,以套为单位计量。

8.系统组件试验、水压强度试验和气压严密性试验,分别按设计图示数量计算,以个为计量单位,按设计及工艺要求进行工程量计算。［系统组件包括选择阀、单向阀（含气、液）及高压软管。］

（四）泡沫灭火系统工程量计算规则

1.泡沫发生器及泡沫比例混合器安装中已包括整体安装、焊法兰、单体调试及配合管道试压时隔离本体所消耗的人工和材料,不包括支架的制作安装和二次灌浆的工作内容,其工程量按相应定额另行计算。地脚螺栓按设备自带来考虑。

2.泡沫发生器安装按不同型号和规格,区别不同型号（水轮机式和电动机式）,按设计图示数量计算,分别以台为单位计量。

3.泡沫比例混合器安装按不同型号和规格,区别不同型号（压力储罐式、平衡压力式、环泵式负压、管线式负压）,按设计图示数量计算,分别以台为单位计量。

（五）消防系统调试工程量计算规则

1.自动报警系统调试按系统控制的点数,按设计图示系统计算,以系统为单位计量。

（系统控制点数按多线制与总线制报警器的点数计算。）

2.水灭火系统控制装置调试按照不同点数,按设计图示控制装置的点数计算,以系统为单位计量。（其点数按多线制与总线制联动控制器的点数计算。）

3.火灾事故广播、消防通信系统调试按不同设备的数量,按设计图数量计算,以个为单位计量。

4.消防用电梯与控制中心间的控制调试以部为单位计量。

5.电动防火门、防火卷帘门调试指可由消防控制中心显示与控制的电动防火门、防火卷帘门,按设计图示数量计算,以10处为单位计量,每樘为一处。

6.正压送风阀、排烟阀、防火阀调试按设计图示数量计算,以10处为单位计量,一个阀为一处。

7.气体灭火系统装置调试按试验容器的规格,按调试、检验和验收所消耗的试验容器总数计算,以个为单位计量。

任务三 给排水、采暖、燃气分部分项工程定额工程量计算

一、任务要求

能根据《湖南省安装工程消耗量标准》(2014)列出需要计算的定额工程量的项目名称、计量单位,能依据《湖南省安装工程消耗量标准》(2014)中的计算规则计算这些项目的工程量。

二、技能目标

能依据施工平面图、施工系统图、设计总说明、主要设备材料表、定额工程量计算规则准确计算给排水、采暖、燃气分部分项工程工程量项目的定额工程量。

三、任务分解

1.对照图纸和《湖南省安装工程消耗量标准》(2014)列出本工程中的各项目名称。

2.依据图纸和《湖南省安装工程消耗量标准》(2014)中的计算规则计算工程量,并准确填写计算单位。

四、计算规则

(一)管道安装工程量计算规则

1. 各种管道,均以施工图所示中心长度计算,以 m 为计量单位,不扣除阀门、管件(包括减压器、疏水器、水表、伸缩器等组成安装)所占的长度。

2. 穿墙、楼梯、屋面防水套管及一般套管以个为计量单位。

3. 排水管道的消能弯以组为计量单位。

4. 塑料排水的阻火圈、防火套管以个为计量单位。

5. 沟槽连接管道执行《湖南省安装工程消耗量标准》第七册相应子目。

6. 管道支架制作安装,室内管道公称直径在 32 mm 以下的安装工程已包括在内,不得另行计算。公称直径为 32 mm 以上的,以千克为计量单位。

7. 各种伸缩器制作安装,均以个为计量单位。方形伸缩器的两臂,按臂长在管道长度内计算。

8. 管道消毒、冲洗、压力试验,均按管道长度以米为计量单位,不扣除阀门、管件所占的长度。

(二)阀门、浮标液面计、水位标尺安装工程量计算规则

1. 各种阀门安装均以个为计量单位。法兰阀门安装,如仅为一侧法兰连接时,所列法兰、带帽螺栓及垫圈数量减半,其余不变。

2. 各种法兰连接用垫片,均按石棉橡胶板计算,如用其他材料,不得调整。

3. 法兰阀(带甲、乙短管)安装,均以套为计量单位,如接口材料不同时,可作调整。

4. 自动排气阀安装以个为计量单位,已包括了支架制作安装,不得另行计算。

5. 浮球阀安装均以个为计量单位,已包括了联杆及浮球的安装,不得另行计算。

6. 浮标液面计、水位标尺是按国标编制的,如设计与国标不符时,可作调整。

(三)低压器具、水表组成安装工程量计算规则

1. 减压器、疏水器组成安装以组为计量单位,如设计组成与项目不同时,阀门法兰盘和压力表数量可按设计用量进行调整,其余不变。

2. 减压器安装按高压侧的直径计算。

3. 法兰水表安装以组为计量单位,旁通管及止回阀如与设计规定的安装形式不同时,阀门及止回阀法兰盘可按设计规定进行调整,其余不变。

(四)卫生器具制作安装工程量计算规则

1. 卫生器具组成安装以组为计量单位,已按标准图综合了卫生器具与给水管、排水管连接的人工与材料用量,不得另行计算。化验支架按成品计算。

2. 浴盆安装不包括支座和四周侧面的砌砖及瓷砖粘贴。

3. 蹲式大便器安装,已包括了固定大便器的垫砖,但不包括大便器蹲台砌筑。

4. 大便槽、小便槽自动冲洗水箱安装以套为计量单位,已包括了水箱托架的制作安装,不得另行计算。

5. 小便槽冲洗管制作与安装以米为计量单位,不包括阀门安装,其工程量另行计算。

6. 脚踏开关安装,已包括了弯管与喷头的安装,不得另行计算。

7. 冷热水混合器安装以套为计量单位,不包括支架制作安装及阀门安装,其工程量另行计算。

8. 蒸汽式水加热器安装以台为计量单位,包括莲蓬头安装,不包括支架制作安装及阀门、疏水器安装,其工程量另行计算。

9. 容积式水加热器安装以台为计量单位,不包括安全阀安装、保温与基础砌筑,其工程量应另行计算。

10. 电热水器、电开水炉安装以台为计量单位,只考虑本体安装,连接管、连接件等工程量另行计算。

11. 饮水器安装以台为计量单位,阀门和脚踏开关工程量另行计算。

(五)供暖器具安装工程量计算规则

1. 热空气幕安装以台为计量单位,其支架制作安装另行计算。

2. 长翼、柱型铸铁散热器组成安装以片为计量单位,其汽包垫不得换算;圆翼型铸铁散热器组成安装以节为计量单位。

3. 光排管散热器制作安装以米为计量单位,已包括联管长度,不得另行计算。

(六)小型容器制作安装工程量计算规则

1. 钢板水箱制作,按施工图所示尺寸,不扣除人孔、手孔质量,以千克为计量单位,法兰和短管水位计另行计算。

2. 钢板水箱安装,按国家标准图集水箱容量执行相应项目。各种水箱安装,均以个为计量单位。

(七)燃气管道、附件、器具安装工程量计算规则

1. 各种管道安装,均按设计管道中心线长度,以米为计量单位,不扣除各种管件和阀门所占长度。

2. 条承插铸铁管外,管道安装中已包括管件安装和管件本身价值。

3. 条承插铸铁管安装中未列出接头零件,其本身价值应按设计用量另行计算,其余不变。

4.钢管焊接挖眼接管工作,均在项目中综合取定,不得另行计算。

5.调长器及调长器与阀门连接,包括一副法兰安装,螺栓规格和数量以压力为0.6 MPa的法兰装配,如压力不同可按设计要求的数量、规格进行调整,其他不变。

6.燃气表安装按不同规格、型号分别以块为计量单位,不包括表托、支架、表底垫层基础,其工程量可根据设计要求另行计算。

7.燃气加热设备、灶具等按不同用途规格型号,分别以台为计量单位。

8.气嘴安装按规格型号连接方式,分别以个为计量单位。

任务四　通风空调分部分项工程定额工程量计算

一、任务要求

能根据《湖南省安装工程消耗量标准》(2014)列出需要计算的定额工程量的项目名称、计量单位,能依据《湖南省安装工程消耗量标准》(2014)中的计算规则计算这些项目的工程量。

二、技能目标

能依据施工平面图、施工系统图、设计总说明、主要设备材料表、定额工程量计算规则准确计算通风空调分部分项工程工程量项目的定额工程量。

三、任务分解

1.对照图纸和《湖南省安装工程消耗量标准》(2014)列出本工程中的各项目名称。

2.依据图纸和《湖南省安装工程消耗量标准》(2014)中的计算规则计算工程量,并准确填写计算单位。

四、计算规则

(一)风管计算工程量规则

1.除柔性软风管外,其他各种材质、各种形状的风管均按图示不同规格以展开面积计算。检查孔、测定孔、送风口、吸风口等所占面积不扣除,但不包括部件(如阀门、消声器等)所占长度。

2.柔性软风管按长度以米计算,风管长度一律以施工图示中心线长度为准(主管与支管以其中心线交点划分),包括弯头、三通、变径管、天圆地方等管件的长度,但不包括部件(如阀门、消声器等)所占长度。直径和周长以图示尺寸为准,咬口重叠部分不另行增加。

3.柔性软风管阀门安装以个为计量单位。

4.风管导流叶片的工程量均按叶片面积计算,以平方米为计量单位。

5.风管检查孔制作安装以 100 千克为计量单位。

6.温度、风量测定孔制作安装,均以个为计量单位。

（二）风管阀门制作安装工程量计算规则

1.各类阀门的安装,按设计型号、规格(周长、直径)以个或台为单位按数量计量。

2.风机入口阀门的制作以质量计算。

（三）风口制作安装工程量计算规则

1.百叶窗的制作按面积以平方米计量。

2.网式风口的制作按质量以千克计量。

3.百叶窗、风口、散流器的安装按数量以个为单位计量。

（四）风帽制作安装计算规则

1.风帽制作安装按质量以千克为计量单位。

2.风帽滴水盘、滴水槽制作安装按质量以千克为计量单位。

（五）罩类制作安装工程量计算规则

罩类制作安装按质量以千克为计量单位。

（六）消声器及消声静压箱制作安装计算规则

1.弧形声流式消声器的安装按体积以立方米计算。

2.其他消声器的安装按数量以台计算。

3.消声静压箱、消声弯的安装按数量以台计算。

（七）空调部件及设备支架制作安装工程量计算规则

1.钢板密闭门制作安装以千克为计量单位。钢制挡水板制作安装按空调器断面积计算,以平方米为计量单位。

2.轴流风机附件制作安装分别列项,按不同的附件制作以千克为计量单位,包括除锈和做防锈漆二道,调和漆二道,安装以风机的规格为步距,以个为计量单位。

3.电加热器外壳、空调器外壳制作安装,按图示尺寸以千克为计量单位。

4.设备支架制作安装按图示尺寸计算,以千克为计量单位。其中风机减震台座的减震器应按设计规定的型号、规格计入。

（八）通风机及空调末端设备安装计算规则

1.通风机安装按设计不同型号、不同规格以台为计量单位。

2.在支架上安装的空调,落地式安装的空调器均按不同制冷量划分步距,以台为计量单位。

3.风机盘管、分体式及窗式空调机和卫生间通风器不分种类、不分规格均以台为计量单位。分段组装式空调器按质量以千克为计量单位。

4.空气加热（冷却）器,除尘设备安装按不同质量划分步距,以台为计量单位。

（九）低温热水辐射供暖系统安装工程量计算规则

1.低温热水辐射供暖系统中管道安装按施工图所示规格,以长度计算,以米为计量单位,不扣除阀门、管件（包括减压器、疏水器、水表、伸缩器等组成安装）所占的长度。

2.穿墙、楼梯、屋面防水套管及一般套管以个为计量单位。

3.各种阀门安装均以个为计量单位。

4.边界绝热层列项计算,按管道外径面积以平方米为计量单位。

5.工程中现浇层、防潮层、地面工程应另外列项计算。

任务五　刷油、防腐蚀、绝热分部分项工程定额工程量计算

一、任务要求

能根据《湖南省安装工程消耗量标准》（2014）列出需要计算的定额工程量的项目名称、计量单位,能依据《湖南省安装工程消耗量标准》（2014）中的计算规则计算这些项目的工程量。

二、技能目标

能依据施工平面图、施工系统图、设计总说明、主要设备材料表、定额工程量计算规则准确计算刷油、防腐蚀、绝热分部分项工程工程量项目的定额工程量。

三、任务分解

1.对照图纸和《湖南省安装工程消耗量标准》（2014）列出本工程中的各项目名称。

2. 依据图纸和《湖南省安装工程消耗量标准》(2014)中的计算规则计算工程量,并准确填写计算单位。

四、计算规则

(一)除锈、刷油工程工程量计算规则

1. 工程量计算公式。

(1) 设备筒体、管道表面积计算公式:

$$S=\pi \times D \times L \tag{3-1}$$

式中　S——设备筒体、管道表面积,m^2;

　　　D——设备筒体、管道直径,m;

　　　L——设备筒体、管道长度,m;

　　　π——圆周率,取 3.14(以下不注)。

(2) 设备筒体、管道长度的确定,已包括阀门、法兰、人孔、管接口在内,不扣除也不另行计算。

(3) 带封头设备的表面积计算公式:

$$S=\pi \times D \times L + \frac{D}{2} \times \pi \times 1.05 \times N \tag{3-2}$$

式中　S——带封头设备的表面积,m^2;

　　　D——设备的外径,m;

　　　L——带封头设备筒体直段长,m;

　　　1.05——设备封头表面积计算系数;

　　　N——封头个数。

D、L 尺寸所表示的设备部位见图 3-2。

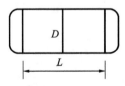

图 3-2　设备尺寸示意图

2. 计算原则说明。

(1) 喷射除锈按 Sa2.5 级标准确定。若变更级别标准,如 Sa3 级,则人工、材料、机械消耗量乘以系数 1.1,若为 Sa2.0 级或 Sa1.0 级,则乘以系数 0.9。

(2) 除锈工程量计算不包括除微锈(微锈即氧化皮完全紧附,仅有少量锈点),发生时按除轻锈的人工、材料、机械消耗量乘以系数 0.2。

（3）刷油工程量计算按在安装地点就地刷（喷）油漆考虑，如安装前管道集中刷油，人工消耗量乘以系数 0.7（暖气片除外）。

（4）标志色环等零星刷油，执行相应项目，其人工消耗量乘以系数 2.0。

（5）工程中主要材料和稀释料可以换算，但人工、材料的消耗量不变。

（二）防腐蚀涂料工程工程量计算规则

1. 计算公式。

（1）设备筒体、管道表面积计算公式同式（3-1）。

（2）阀门表面积计算公式：

$$S = \pi \times D \times 2.5D \times K \tag{3-3}$$

式中 S——阀门表面积，m^2；

$\quad\quad D$——阀门的公称直径，m；

$\quad\quad K$——阀门表面积计算系数，取 1.05。

（3）法兰表面积计算公式：

$$S = \pi \times D \times 1.5D \times K \tag{3-4}$$

式中 S——法兰表面积，m^2；

$\quad\quad D$——法兰公称直径，m；

$\quad\quad K$——法兰表面积计算系数，取 1.05。

（4）管道弯头表面积计算公式：

$$S = 3\pi D \times \pi D / B \tag{3-5}$$

式中 S——管道弯头表面积，m^2；

$\quad\quad D$——管道弯头管外直径，m；

$\quad\quad B$——管道弯头角度计算系数，90°弯头 $B=4$，45°弯头 $B=8$。

（5）设备管道法兰翻边部位防腐蚀面积计算公式：

$$S = \pi \times (D + A) \times A \tag{3-6}$$

式中 S——法兰翻边部位防腐蚀面积，m^2；

$\quad\quad A$——法兰翻边宽，m；

$\quad\quad D$——法兰公称直径，m。

（6）设备封头表面积计算公式：

$$S = \left(\frac{D}{2}\right)^2 \times \pi \times 1.6 \times N \tag{3-7}$$

式中 S——设备封头表面积，m^2；

D——设备外直径,m;

1.6——设备封头表面积计算系数;

N——设备封头个数。

(7)带封头设备的表面积计算公式:

$$S=\pi\times D\times L+\left(\frac{D}{2}\right)^2\times\pi\times1.6\times N \tag{3-8}$$

式中　S——带封头设备的表面积,m^2;

D——设备的外径,m;

L——带封头设备筒体直段长,m;

1.6——设备封头表面积计算系数;

N——封头个数。

D、L尺寸所表示的设备部位见图3-2。

2.防腐蚀工程中设备、管道以平方米为计量单位。一般金属结构和管廊结构以千克为计量单位,H型钢制结构(包括大于400 mm以上型钢)以平方米为计量单位。

3.计算中过氯乙烯涂料是按喷涂方法考虑,其他涂料均按刷涂方法考虑,若改用喷涂施工时,其人工乘以系数0.3,材料乘以系数1.16,增加喷涂机械台班。

4.计算设备、管道内壁的防腐蚀工程量时,当壁厚大于等于10 mm时,按其内径计算;当壁厚小于10 mm时,按其外径计算。

(三)绝热工程工程量计算规则

1.设备筒体、管道绝热、保护层工程量计算公式:

$$V=\pi\times(D+1.033\delta)\times1.033\delta\times L \tag{3-9}$$

$$S=\pi\times(D+2.1\delta+0.0082)\times L \tag{3-10}$$

式中　V——设备筒体、管道绝热层体积,m^3;

S——设备筒体、管道绝热层外面积,m^2;

δ——绝热层厚度,m;

L——设备筒体、管道长,m;

1.033,2.1——绝热层厚度允差调整系数。

2.伴热管道绝热工程量计算公式。

(1)单伴热管或双伴热管(三管夹角小于或等于90°时)

$$D=D_1+D_2+(10\sim20\text{ mm}) \tag{3-11}$$

式中　D——伴热管道的计算直径,m;

D_1——主管外径,m;

D_2——伴热管外径,m;

10~20 mm——主管与伴热管之间的间隙。

(2) 双伴热管(三管间夹角大于90°时):

$$D = D_1 + 1.5D_2 + (10 \sim 20 \text{ mm}) \tag{3-12}$$

说明:

①式(3-11)、式(3-12)中的 D_2 取值,当双伴热管外径不同时,D_2 取大管外径值。

②式(3-11)、式(3-12)计算所得的直径值代入式(3-9)、式(3-10),便得到伴热管道的绝热层和保护层的工程量。

3.带封头设备绝热和保护层工程量计算公式:

$$V = \pi \times (D + 1.033\delta) \times 1.033\delta \times L + (\frac{D+1.033\delta}{2})^2 \times \pi \times 1.6 \times 1.033\delta \times N \tag{3-13}$$

$$S = \pi \times (D + 2.1\delta + 0.0082) \times L + (\frac{D+3.1\delta}{2})^2 \times \pi \times 1.6N \tag{3-14}$$

4.设备的管接口、人孔绝热、保护层计算公式:

$$V = (d + 1.033\delta) \times \pi \times (h + 1.033\delta) \times 1.033\delta \tag{3-15}$$

$$S = (D + 2.1\delta) \times \pi \times (h + 1.05\delta) \tag{3-16}$$

式中 d——管接口或人孔的外径,m;

h——管接口或人孔高,m;

1.05——绝热层厚度偏差系数。

5.阀门绝热、保护层工程量计算公式:

$$V = \pi \times (D + 1.033\delta) \times 2.5D \times 1.033\delta \times 1.05 \tag{3-17}$$

$$S = \pi \times (D + 2.1\delta) \times 2.5D \times 1.05 \tag{3-18}$$

6.法兰绝热、保护层工程量计算公式:

$$V = \pi \times (D + 1.033\delta) \times 1.5D \times 1.033\delta \times 1.05 \times N \tag{3-19}$$

$$S = \pi \times (D + 2.1\delta) \times 1.5D \times 1.05 \times N \tag{3-20}$$

式中 N——法兰片数。

7.拱顶罐封头绝热、保护层工程量计算公式:

$$V = 2\pi\gamma \times (h + 1.033\delta) \times 1.033\delta \tag{3-21}$$

$$S = 2\pi\gamma \times (h + 2.1\delta) \times 1.033\delta \tag{3-22}$$

式中 γ——拱顶封头的球面半径,m;

h——拱顶部分的拱高,m。

8.绝热工程中绝热层以立方米为计量单位,防潮层、保护层以平方米为计量单位。

任务六　建筑智能化系统设备安装分部分项工程定额工程量计算

一、任务要求

能根据《湖南省安装工程消耗量标准》(2014)列出需要计算的定额工程量的项目名称、计量单位,能依据《湖南省安装工程消耗量标准》(2014)中的计算规则计算这些项目的工程量。

二、技能目标

能依据施工平面图、施工系统图、设计总说明、主要设备材料表、定额工程量计算规则准确计算建筑智能化系统设备安装分部分项工程工程量项目的定额工程量。

三、任务分解

1.对照图纸和《湖南省安装工程消耗量标准》(2014)列出本工程中的各项目名称。

2.依据图纸和《湖南省安装工程消耗量标准》(2014)中的计算规则计算工程量,并准确填写计算单位。

四、计算规则

(一)综合布线工程工程量计算规则

1.双绞线缆、光缆、漏泄同轴电缆、电话线和广播线敷设、穿放、明布放,以米计算。电缆敷设按单根延长米计算,如一个架上敷设 3 根各长 100 m 的电缆,应按 300 m 计算,以此类推。电缆附加及预留的长度是电缆敷设长度的组成部分,应计入电缆长度工程量之内。电缆进入建筑物预留长度 2 m;电缆进入沟内或吊架上引上(下)预留 1.5m;电缆中间接头盒,预留长度两端各留 2 m。

2.制作跳线以条计算,卡接双绞线缆以对计算,跳线架、配线架安装以条计算。

3.安装各类信息插座、过线(路)盒、信息插座底盒(接线盒)、光缆终端盒和跳块打接以个计算。

4.双绞线缆测试,以链路或信息点计算,光纤测试以链路或芯计算。

5.光纤连接以芯(磨制法以端口)计算。

6.布放尾纤以根计算。

7.室外架设架空光缆以米计算。

8.光缆接线以头计算。

9.制作光缆成端接头以套计算。

10.安装漏泄同轴电缆接头以个计算。

11.成套电话组线箱、机柜、机架、抗震底座安装以台计算。

12.安装电话出线口、中途箱、电话电缆架空引入装置以个计算。

(二)通信系统设备安装工程工程量计算规则

1.铁塔架设,以吨计算。

2.天线安装、调试,以副计算,无线加边加罩以面。

3.馈线安装、调试,以条计算。

4.微波无线接入系统基站、用户站设备安装、调试,以台计算。

5.微波无线接入系统联调,以站计算。

6.卫星通信甚小口径地面站(YSAT)中心站设备安装、调试,以站计算。

7.卫星通信甚小口径地面站(YSAT)端站设备安装、调试、中心站站内环测及全网系统对测,以站计算。

8.移动通信天馈系统中安装、调试、直放站设备、基站系统调试以及全系统联网调试,以站计算。

9.光纤数字传输设备安装,调试以端计算。

10.程控交换机安装、调试以部计算。

11.程控交换机中继线调试以路计算。

12.会议电话、电视系统设备安装、调试以台计算。

13.会议电话、电视系统联网测试以系统计算。

(三)计算机网络系统设备安装工程工程量计算规则

1.计算机网络终端和附属设备安装,以台计算。

2.网络系统设备、软件安装,以台(套)计算。

3.局域网交换机系统功能调试,以个计算。

4.网络调试、系统试运行、验收测试,以系统计算。

（四）建筑设备监控系统安装工程工程量计算规则

1.基表及控制设备、第三方设备通信接口安装、抄表采集系统安装与调试,以个计算。

2.中心管理系统调试、控制网络通信设备安装、流量计安装与调试,以台计算。

3.楼宇自控中央管理系统安装、调试,以系统计算。

4.楼宇自控用户软件安装、调试,以套计算。

5.温(湿)度传感器、压力传感器、电量变送器和其他传感器及变送器,以支计算。

6.阀门及电动执行机构安装、调试,以个计算。

（五）有线电视系统设备安装工程工程量计算规则

1.电视共用天线安装、调试,以副计算。

2.敷设射频传输电缆以延长米计算,计量单位为100米,以外径$\phi9$ mm内外为步距,同一规格的电缆由于结构不同而外径不同,以实际外径为准。

3.制作射频电缆接头,以头计算。

4.电视墙安装、前端射频设备安装、调试,以套计算。

5.卫星地面接收设备、光端设备、有线电视系统管理设备、播控设备安装、调试,以台计算。

6.干线设备、分配网络安装、调试,以个计算。

（六）扩声、背景音乐系统设备安装工程工程量计算规则

1.扩声系统设备安装、调试,以台计算。

2.扩声系统设备运行,以系统计算。

3.背景音乐系统设备安装、调试,以台计算。

4.背景音乐系统联调、试运行,以系统计算。

（七）电源与电子设备防雷接地装置安装工程工程量计算规则

1.太阳能电池方阵铁架安装,以米计算。

2.太阳能电池以组计算。

3.开关电源安装、调试,整流器,其他配电设备安装,以台计算。

4.天线铁塔防雷接地装置安装,以处计算。

5.电子设备防雷接地装置,接地模块安装,以个计算。

6.电源避雷器安装,以台计算。

(八)停车场管理系统设备安装工程工程量计算规则

1.车辆检测识别设备、出入口设备、显示和信号设备、监控管理中心设备安装、调试,以套计算。

2.分系统调试和全系统联调,以系统计算。

(九)楼宇安全防范系统设备安装工程工程量计算规则

1.入侵报警器(室内外、周界)设备安装工程,以套计算。

2.分系统调试和全系统联调,以系统计算。

3.电视监控设备安装工程,以台计算(显示装置以平方米计算)。

4.分系统调试、系统集成调试,以系统计算。

(十)住宅小区智能化系统设备安装工程工程量计算规则

1.住宅小区智能化设备安装工程,以台计算。

2.住宅小区智能化设备系统调试,以套(管理中心调试以系统)计算。

3.小区智能化系统试运行、测试,以系统计算。

任务七　清单报价文件的编制

本书中清单报价文件依据《湖南省安装工程消耗量标准》(2014)、《湖南省建设工程计价办法》和《关于增值税条件下计费程序和计费标准的规定》湘建价〔2016〕72号等文件,其他各省(地区)可依据本地标准按步骤进行。

一、任务要求

对照图纸和《房屋建筑与装饰工程工程量计算规范》(GB 50854—2013)及定额工程量列出各分部分项工程清单项目名称、计量单位、项目特征,编制12位清单编码,根据《湖南省建设工程计价办法》计算相应费用并编制清单报价文件。

二、技能目标

能编制工程的清单报价文件,做到不漏项、不错算,编制成果能够作为投标人的报价文件。

三、任务分解

1. 对照图纸和《房屋建筑与装饰工程工程量计算规范》(GB 50854—2013)及定额工程量列出各分部分项工程清单项目名称、计量单位、项目特征及 12 位项目编码。

2. 能依据《湖南省建设工程计价办法》及相关文件正确组表，计算工程总造价。

四、组表步骤

1. 根据各分部分项工程定额工程量查《湖南省建筑工程消耗量标准》(2014)、《湖南省建筑装饰装修工程消耗量标准》(2014)，确定定额编码及人材机组成；依据《房屋建筑与装饰工程工程量计算规范》(GB 50854—2013)确定清单编码；根据招标文件工程清单工程量，填写清单项目人材机用量与单价表(表 3-46)。

2. 根据清单项目人材机用量与单价表(表 3-46)的内容及市场价格计算并填写清单项目直接费用预算表(表 3-45)，得出市场价单价和直接费指标。

3. 根据清单项目直接费用预算表(表 3-45)和各取费标准填写清单项目费用计算表(表 3-47)，并计算各清单项目的建安造价、销项税费、附加税项和工程造价。

4. 根据清单项目费用计算表(表 3-47)填写单位工程工程量与造价表(表 3-44)，并计算综合单价。

5. 根据各清单项目的单位工程工程量与造价表(表 3-44)填写单位工程费用计算表(表 3-43)并计算工程的建安造价、销项税额、附加税费和工程造价。

6. 根据清单项目人材机用量与单价表(表 3-46)将各清单项目的材料及机械汇总填写单位工程人材机用量与单价表(表 3-48)。

7. 根据以上表格、计价依据、编制方法填写工程计价总说明(表 3-42)。

8. 根据承包人情况、编制人情况填写工程计价文件扉页(表 3-41)并盖章。

9. 根据清发包人、承包人、招标人、投标人、造价咨询师、工程名称及编制时间，填写工程计价文件封面(表 3-40)并盖章。

为方便读者编制清单报价文件，依据《湖南省建设工程计价办法》和《关于增值税条件下计费程序和计费标准的规定》湘建价〔2016〕72 号，按表格组成顺序将各表列出，供读者参考。

表 3-36　　　　　　　　　　　　　**工程计价文件封面**

工程名称：_____

投 标 总 价

投　标　人：_____

（单位盖章）

年　月　日

表 3-37 工程计价文件扉页

投 标 总 价

招　标　人：＿＿＿＿＿＿＿＿＿＿＿

工程名称：＿＿＿＿＿＿＿＿＿＿＿

投标总价(小写)：＿＿＿＿＿＿＿＿＿＿＿

(大写)：＿＿＿＿＿＿＿＿＿＿＿

投　标　人：＿＿＿＿＿＿＿＿＿＿＿

(单位盖章)

法定代表人
或其授权人：＿＿＿＿＿＿＿＿＿＿＿

(签字或盖章)

编　制　人：＿＿＿＿＿＿＿＿＿＿＿

(造价工程师签字盖专用章)

时　　间：＿＿＿＿年＿＿月＿＿日

表 3-38　　　　　　　　　　　　　　　　**总说明**

工程名称：　　　　　　　　　　　　　　　　　　　　　　　第　页　共　页

一、工程概况

二、编制依据

三、需要说明的问题

四、总预算金额

表 3-39 　　　　　　　　　 **单位工程费用计算表(安装专用)**

(一般计税法)

工程名称: 　　　　　 标段: 　　　　　 用途: 　　　　　 第　页　共　页

序号	工程内容	计费基础说明	费率/%	金额/元	备注
1	直接费用	1.1+1.2+1.3			
1.1	人工费				
1.2	材料费				
1.2.1	其中:工程设备费				
1.3	机械费				
2	各项费用和利润	2.2+2.3+2.4+2.5+2.6+2.7			
2.1	取费人工费				
2.2	管理费				
2.3	利润				
2.4	通用措施项目费				
2.4.1	其中:安全文明施工费				
2.5	专业措施项目费				
2.5.1	其中:脚手架搭拆费				
2.6	规费	2.6.1+2.6.2+2.6.3+2.6.4+2.6.5			
2.6.1	工程排污费				
2.6.2	职工教育经费和工会经费				
2.6.3	住房公积金				
2.6.4	安全生产责任险				
2.6.5	劳保基金				
2.7	其他项目费				
3	建安造价	1+2			
4	销项税额	3×税率			
5	附加税费	(3+4)×费率			
6	暂列金额				
	工程造价	3+4+5+6			

注:1.采用一般计税法时,材料、机械台班单价均执行除税单价。

2.直接费用=$\sum$工日数量×工日单价(市场价)+$\sum$材料用量×材料预算价格+$\sum$机械台班用量×机械台班单价(市场价)。

3.建安造价(销售额)=直接费用+各项费用和利润。

表 4-40

单位工程工程量与造价表
（一般计税法）

工程名称：　　　　　　　　　　标段：　　　　　　　　　　用途：　　　　　　　　　　第　页　共　页

序号	项目编码	项目名称	项目特征描述	计量单位	工程量	金额/元				
						综合单价	合价	其　中		
								建安造价	销项税额	附加税费
本页合计										

表 3-41

工程名称：

标段：

用途：

清单项目直接费用预算表
（一般计税法）

第　页　共　页

清单编码	名称		计量单位	数量	直接费用指标			
消耗量标准编号	项目名称	单位	基期价		市场价			
		数量	单价	小计	单价	小计	其中	
							人工费	材料费	机械费
合计/元								

注：1. 清单直接费用指标＝合计金额/数量。
　　2. 安装工程材料费中已包含主材费和设备费用。

表 3-42   **清单项目人材机用量与单价表**

（一般计税法）

工程名称：   标段：   用途：

清单编号：   单位：   数量：   第 页 共 页

序号	编码	名称 （材料、机械规格型号）	单位	数量	基期价/元	市场价/元	合价/元	备注
		本页小计						

注：合价＝市场价(除税)×数量。

表 3-43　　　　　　　　**清单项目费用计算表(安装专用)**

(一般计税法)

工程名称:　　　　　　标段:　　　　　用途:

清单编号:　　　　　　单位:　　　　　数量:　　　　　　　　第　页　共　页

序号	工程内容	计费基础说明	费率/%	金额/元 合计	金额/元 单价	备注
1	直接费用	1.1+1.2+1.3				
1.1	人工费					
1.2	材料费					
1.2.1	其中:工程设备费					
1.3	机械费					
2	各项费用和利润	2.2+2.3+2.4+2.5+2.6				
2.1	取费人工费					
2.2	管理费					
2.3	利润					
2.4	通用措施项目费					
2.4.1	其中:安全文明施工费					
2.5	专业措施项目费					
2.5.1	其中:脚手架搭拆费					
2.6	规费	2.6.1+2.6.2+2.6.3+2.6.4+2.6.5				
2.6.1	工程排污费					
2.6.2	职工教育经费和工会经费					
2.6.3	住房公积金					
2.6.4	安全生产责任险					
2.6.5	劳保基金					
3	建安造价	1+2				
4	销项税额	3×税率				
5	附加税费	(3+4)×费率				
	工程造价	3+4+5				

注:1.采用一般计税法时,材料、机械台班单价均执行除税单价。

　　2.直接费用 $=\sum$ 工日数量×工日单价(市场价) $+\sum$ 材料用量×材料预算价格 $+\sum$ 机械台班用量×机械台班单价(市场价)。

　　3.建安造价(销售额)=直接费用+各项费用和利润。

　　4.单价=合计/数量。

表 3-44 **单位工程人材机用量与单价表**

（一般计税法）

工程名称：   标段：   用途：   第　页　共　页

序号	编码	名称 （材料、机械规格型号）	单位	数量	基期价/元	市场价/元	合价/元	备注
		本页小计						

注：合价＝市场价（除税）×数量。

项目三　招标文件的编制

招标文件的种类有很多,如施工招标文件、监理招标文件、材料招标文件、设备招标文件、勘察招标文件、设计招标文件、测量招标文件等。本毕业设计要求学生编制施工招标文件。

施工招标文件有示范文本供参考使用,其中大部分通用条款都可以直接套用,部分特征性条款则需要修改和补充。修改和补充的方法和要求如下。

1.紧贴招标项目的特征。如市政工程的招标文件就要体现出市政工程的特点,房建工程的招标文件就要体现出房建工程的特点。

2.符合现行的法律法规规定。

3.合理、明确地表达招标目的、程序和方法。

4.直观、可操作性强。

5.各条款的规定具有唯一性、准确性、无歧义性。

招标文件一般由以下几部分构成,即招标公告、投标人须知及投标须知前附表、评标办法、合同条款及格式、工程建设技术标准及要求、图纸及工程量清单、投标文件格式。又因各部分所含内容的不同可按多个章分别编写,本项目将招标文件的编制拆分为多个任务对学生进行指导,学生在编制时可按任务确定章节名称。由于建筑工程、装饰装修工程和安装工程招标文件的格式和编制要点相近,本书不再一一分解。

任务一　编写招标公告

一、任务要求

能正确编写招标公告,招标公告内的信息完整、准确。

二、技能目标

能依据工程项目及法律法规的要求,按格式完成招标公告的编写。

三、任务分解

1.了解工程项目的基本情况。

2.依据法律法规确定投标人资格范围和评标方式。

3.合理安排报名时间和报名准备资料。

四、范本

第一章 招标公告

1.招标条件

…………

2.项目概况与招标范围

2.1 项目名称

…………

2.2 建设地点

…………

2.3 建设规模

…………

2.4 工期要求

…………

2.5 质量要求

…………

2.6 保修要求

…………

2.7 招标范围

…………

2.8 标段划分

…………

3.投标人资格要求

…………

4.评标办法

…………

5.投标保证金

…………

6.报名时所需提交资料

…………

7.现场报名地点

…………

8.网上报名网址

…………

9.发布公告的媒介

…………

10.行政监督

…………

11.联系方式

…………

任务二　编写投标人须知及投标须知前附表

一、任务要求

根据工程项目的实际情况填写投标须知前附表,编写投标人须知。

二、技能目标

能够根据工程项目及法律法规的要求,按格式完成投标人须知及投标须知前附表的编写。

三、任务分解

1.根据工程项目及法律法规的要求,按范本格式填写投标须知前附表。

2.根据工程项目及法律法规的要求,按范本格式编写投标人须知。

四、范本

第二章 投标人须知

投标人须知前附表

条款号	条款名称	编列内容
1.1.2	招标人	…
1.1.3	招标代理机构	…
1.1.4	项目名称	…
1.1.5	建设地点	…
1.2.1	资金来源	…
1.2.2	出资比例	…
1.2.3	资金落实情况	…
1.3.1	招标范围	…
1.3.2	计划工期	…
1.3.3	质量要求	…
1.4.1	投标人资质条件和信誉	…
1.4.2	是否接受联合体投标	…
1.9.1	踏勘现场	…
1.10.1	投标预备会	…
1.10.2	投标人提出问题的截止时间和提问方式	…
1.10.3	招标人书面澄清的时间和发布方式	…
1.11	分包	…
1.12	偏离	…
2.1	构成招标文件的其他材料	…

续表

条款号	条款名称	编列内容
2.2.1	投标人要求澄清招标文件的截止时间和提问方式	…
2.2.2	投标截止时间	…
2.2.3	投标人确认收到招标文件澄清的时间	…
2.3.2	投标人确认收到招标文件修改的时间	…
3.1.1	构成投标文件的其他材料	…
3.3.1	投标有效期	…
3.4.1	投标保证金	…
3.5.2	近年财务状况的年份要求	…
3.5.3	近年完成的类似项目的年份要求	…
3.5.5	近年发生的诉讼及仲裁情况的年份要求	…
3.6.3	签字和盖章要求	…
3.6.4	投标文件份数	…
3.6.5	装订要求	…
4.1.2	封套上写明	…
4.2.2	递交投标文件地点	…
4.2.3	是否退还投标文件	…
5.1	开标时间和地点	…
5.2	开标程序	…
6.1.1	评标委员会的组建	…
7.1	是否授权评标委员会确定中标人	…
7.3.1	履约担保	…
8	需要补充的其他内容	…

投标人须知正文部分

1. 总则

1.1 项目概况

…………

1.2 资金来源和落实情况

…………

1.3 招标范围、计划工期和质量要求

…………

1.4 投标人资格要求

…………

1.5 费用承担

…………

1.6 保密

…………

1.7 语言文字

…………

1.8 计量单位

…………

1.9 踏勘现场

…………

1.10 投标预备会

…………

1.11 分包

…………

1.12 偏离

…………

2. 招标文件

2.1 招标文件的组成

…………

2.2 招标文件的澄清

…………

2.3 招标文件的修改

…………

3. 投标文件

3.1 投标文件的组成

…………

3.2 投标报价

…………

3.3 投标有效期

…………

3.4 投标保证金

…………

3.5 资格审查资料

…………

3.6 投标文件的编制

…………

4. 投标

4.1 投标文件的密封和标记

…………

4.2 投标文件的递交

…………

4.3 投标文件的修改与撤回

…………

5. 开标

5.1 开标时间和地点

…………

5.2 开标程序

…………

6. 评标

6.1 评标委员会

…………

6.2 评标原则

…………

6.3 评标

············

7.合同授予

7.1 定标方式

············

7.2 中标通知

············

7.3 履约担保

············

7.4 签订合同

············

8.重新招标和不再招标

············

9.纪律和监督

9.1 对招标人的纪律要求

············

9.2 对投标人的纪律要求

············

9.3 对评标委员会成员的纪律要求

············

9.4 对与评标活动有关的工作人员的纪律要求

············

9.5 异议和投诉

············

10.需要补充的其他内容

············

任务三 编写评标办法正文及评标办法前附表

一、任务要求

根据工程项目的实际情况填写评标办法前附表,并编写评标办法正文。

二、技能目标

能够根据工程项目及法律法规的要求按格式完成评标办法及评标办法前附表的编写。

三、任务分解

1. 根据工程项目及法律法规的要求,按范本格式填写评标办法前附表。

2. 根据工程项目及法律法规的要求,按范本格式编写评标办法。

四、范本

第三章 评标办法

评标办法前附表

条款号		评审因素	评审标准
2.1.1	形式评审标准	投标人名称	⋯
		投标文件签字盖章	⋯
		⋯	⋯
2.1.2	原件与复印件查验标准	营业执照副本	⋯
		资质等级证书副本	⋯
		⋯	⋯
2.1.3	资格评审标准	营业执照	⋯
		企业资质等级	⋯
		⋯	⋯
2.1.4	响应性评审标准	投标内容	符合"投标人须知"的规定,若投标文件载明的投标范围小于招标文件规定的招标范围,则为不合格投标人
		工期	⋯
		⋯	⋯

条款号		条款内容	编列内容
2.2.1		分值构成(总分100分)	…
2.2.2		评标基准价计算方法	…
2.2.3		投标报价的偏差率计算公式	…
条款号		评分因素	评分标准
2.2.4 (1)	施工组织设计评分标准	内容完整性和编制水平	3～4/5
		施工方案与技术措施	21～23/25～28/30
		质量管理体系与措施	10～13/15
		安全管理体系与措施	10～13/15
		环保管理体系与措施	6～8/10
		工程进度计划与措施	10～13/15
		资源配备计划	6～8/10
2.2.4 (2)	项目管理机构评分标准	项目负责人资格与业绩	…
		其他主要人员	
2.2.4(3)		信誉评审	…
2.2.4(4)		投标报价评分标准	…
条款号		条款内容	编列内容
3		评标程序	…
3.1.2		废标条件	…
3.2.2		判断投标报价是否低于其成本	…

评标办法正文部分

1. 评标办法

…………

2. 评审标准

2.1 初步评审标准

…………

2.2 分值构成与评分标准

…………

3. 评标程序

3.1 初步评审

…………

3.2 详细评审

…………

3.3 投标文件的澄清和补正

…………

3.4 评标结果

…………

任务四　编写合同条款及格式

一、任务要求

根据工程项目的实际情况编写合同条款。

二、技能目标

能够根据工程项目及法律法规的要求,按格式完成合同编写。

三、任务分解

1. 根据工程项目及法律法规的要求,按范本格式编写合同。

2. 根据工程项目及法律法规的要求,按范本格式整理合同文本附件。

四、范本

第四章 合同条款及格式

湖南省建设工程施工合同

（示范文本）

工程名称：

工程地点：

发 包 人：

承 包 人：

第一部分　合同协议书

本合同协议书内容详见湖南省住房和城乡建设厅指定的编号"HNJS—2014"《湖南省建设工程施工合同(示范文本)》中的合同协议书。

第二部分　合同通用条款

本合同通用条款内容详见湖南省住房城乡建设厅指定的编号"HNJS—2014"《湖南省建设工程施工合同(示范文本)》中的合同专用条款。

第三部分　合同专用条款

1. 一般约定

1.1 词语定义

…………

1.2 法律

…………

1.3 标准和规范

…………

1.4 合同文件的优先顺序

…………

1.5 图纸和承包人文件

…………

1.6 联络

…………

1.7 交通运输

…………

1.8 知识产权

…………

1.9 工程量清单错误的修正

…………

2. 发包人

2.1 发包人代表

…………

2.2 施工现场、施工条件和基础资料的提供

…………

3.承包人

3.1 承包人的一般义务

…………

3.2 项目经理

…………

3.3 分包

…………

3.4 工程照管与成品、半成品保护

…………

3.5 履约担保

…………

4.工程质量

4.1 质量要求

…………

4.2 隐蔽工程检查

…………

5.安全文明施工与环境保护

5.1 安全文明施工

…………

5.2 环境保护

…………

6.工期和进度

6.1 施工组织设计

…………

6.2 施工进度计划

…………

6.3 开工

…………

6.4 测量放线

…………

6.5 工期延误

…………

6.6 不利物质条件

…………

6.7 异常恶劣的气候条件

…………

6.8 提前竣工的奖励

…………

7.材料与设备

7.1 材料与工程设备的保管与使用

…………

7.2 样品

…………

7.3 施工设备和临时设施

…………

8.试验与检验

…………

9.变更

9.1 变更的范围

…………

9.2 变更估价

…………

9.3 承包人的合理化建议

…………

9.4 暂估价

…………

9.5 暂列金额

…………

10.价格调整

…………

11.预付款

…………

11.1 计量

…………

11.2 工程进度款支付

…………

12.验收

12.1 分部分项工程验收

…………

12.2 竣工验收

…………

12.3 竣工退场

…………

13.竣工结算

13.1 竣工结算申请

…………

13.2 竣工结算审核

…………

13.3 最终结清

…………

14.缺陷责任期与保修

14.1 缺陷责任期

…………

14.2 质量保证金

…………

14.3 保修

....

15. 违约

15.1 发包人违约

....

15.2 承包人违约

....

16. 不可抗力

....

17. 保险

....

18. 争议解决

....

19. 补充条款

....

附件

附件 1:承包人承揽工程项目一览表

附件 2:发包人供应材料设备一览表

附件 3:工程质量保修书

附件 4:主要建设工程文件目录

附件 5:承包人用于本工程施工的机械设备表

附件 6:承包人主要施工管理人员表

附件 7:分包人主要施工管理人员表

附件 8:履约担保格式

附件 9:预付款担保格式

附件 10:支付担保格式

附件 11:暂估价一览表

任务五 编制工程量清单及整理图纸

一、任务要求

对照图纸和《房屋建筑与装饰工程工程量计算规范》(GB 50854—2013)、《通用安装工程工程量计算规范》(GB 50856—2013)编制工程量清单。

二、技能目标

能编制工程的工程量清单文件,做到不漏项、不错算,编制成果能够作为投标人的报价文件的依据。

三、任务分解

1.对照图纸和《湖南省建设工程计价办法》和《建设工程工程量清单计价规范》(GB 50500 —2013)列出各分部分项工程清单项目名称、计量单位、项目特征及 12 位项目编码。

2.正确地编制工程量清单说明。

四、范本

第五章 工程量清单及图纸

1.工程量清单说明

1.1 本工程量清单是依据…………

1.2 …………

2.招标控制价编制说明及公布内容

2.1 招标控制价编制依据

…………

2.2 本招标控制价由具有编制能力的招标人或受其委托并具有相应资质的工程造价咨询机构(招标人根据情况选择)编制,由招标人审核后确定。

2.3 招标控制价公布内容

…………

3.投标报价说明

3.1 投标报价应根据招标文件中的有关计价要求,并按照下列依据自主报价。

…………

3.2 …………

4.其他说明

4.1 词语和定义

4.1.1 工程量清单

…………

4.2 工程量差异调整

…………

4.3 暂列金额和暂估价

…………

4.4 其他补充说明

…………

5.工程量清单(另册)

6.工程施工图纸(另附)

任务六　编写建筑施工标准和技术要求

一、任务要求

根据工程项目的实际情况和规范编写施工标准和技术要求。

二、技能目标

能够根据工程项目要求、法律法规的要求、国家和行业规范,按格式完成施工标准和技术要求编写。

三、任务分解

1.根据工程项目要求、法律法规的要求、国家和行业规范,按格式完成施工标准的编写。

2.根据工程项目要求、法律法规的要求、国家和行业规范,按格式完成技术要求的编写。

四、范本

第七章 技术标准和要求

第一节 一般要求

1. 工程说明

1.1 工程概况

…………

1.2 现场条件和周围环境

…………

1.3 地质及水文资料

…………

1.4 资料和信息的使用

…………

2. 承包范围

2.1 承包范围

…………

2.2 发包人发包专业工程和发包人供应的材料和工程设备

…………

2.3 承包人与发包人或发包专业工程承包人的工作界面

…………

2.4 承包人需要为发包人和监理人提供的现场办公条件和设施

…………

3. 工期要求

3.1 合同工期

…………

3.2 关于工期的一般规定

…………

4. 质量要求

4.1 质量标准

…………

4.2 特殊质量要求

…………

5.适用规范和标准

5.1 适用的规范、标准和规程

…………

5.2 特殊技术标准和要求

…………

6.安全文明施工要求

6.1 安全防护

…………

6.2 临时消防

…………

6.3 临时供电

…………

6.4 劳动保护

…………

6.5 脚手架

…………

6.6 施工安全措施计划

…………

6.7 文明施工

…………

6.8 环境保护

…………

6.9 施工环保措施计划

…………

7.治安保卫要求

…………

8.地上、地下设施和周边建筑物的临时保护

…………

9.样品和材料代换

9.1 样品

…………

9.2 材料代换

…………

10.进口材料和工程设备

…………

11.进度报告和进度例会

11.1 进度报告

…………

11.2 进度例会

…………

12.试验和检验

…………

13.计日工

…………

14.计量与支付

14.1 付款申请单

…………

15.竣工验收和工程移交

15.1 竣工验收前的清理

…………

15.2 竣工验收申请报告

…………

16.其他要求

…………

第二节　特殊技术标准和要求

1.材料和工程设备技术要求

…………

2.特殊技术要求

2.1 除合同约定的技术要求外,本工程的特殊技术要求如下:

…………

3.新技术、新工艺和新材料

…………

4.其他特殊技术标准和要求

…………

第三节　适用的国家、行业以及地方规范、标准和规程

依据设计文件的要求,本招标工程项目的材料、设备、施工须达到下列现行中华人民共和国以及省或行业的工程建设标准、规范的要求。如有下列标准、规范中未列出的,必须按国家、省市颁布的最新有关标准、规范执行,不同标准之间对同一问题表述不一致时,要求以最新标准为准。

1.…………

2.…………

任务七　编写投标文件格式

一、任务要求

根据工程项目的实际情况和规范编写投标文件格式。

二、技能目标

能够根据工程项目及法律法规的要求、国家和行业规范,按格式完成投标文件格式的编写。

三、任务分解

1.根据工程项目及法律法规的要求、国家和行业规范,按格式完成商务标格式的编写。

2.根据工程项目要求、法律法规的要求、国家和行业规范,按格式完成技术标格式的编写。

四、范本

第一部分　投标函部分格式

××项目一标段

投 标 文 件
（投标函部分）
（请注明"正本"或"副本"）

招标编号：

投标人：(单位盖章)

法定代表人或其委托代理人：(签字或盖章)

日期：　年　月　日

【说明：当投标人采用硬质或塑胶等外封面不便签署时，外封面可不签署，但应在投标文件内按此格式设有内封面，并按此格式签署。】

一、投标函及投标函附录

（一）投标函

…………

（二）投标函附录

…………

二、法定代表人身份证明

…………

三、授权委托书

…………

四、联合体协议书

…………

五、投标保证金

…………

六、项目管理机构

…………

七、拟分包计划表（如有）

…………

八、其他资料

…………

九、承诺书

…………

十、投标人廉政承诺函

…………

十一、投标人诚信投标及履约承诺书

…………

十二、不拖欠农民工工资承诺书

…………

十三、投标人认为必要的其他有关资料

第二部分　商务部分格式

×××项目一标段

投 标 文 件
（商务部分）
（请注明"正本"或"副本"）

招标编号：

投标人：（单位盖章）

法定代表人或其委托代理人：（签字或盖章）

日期：　　年　　月　　日

【说明：当投标人采用硬质或塑胶等外封面不便签署时，外封面可不签署，但应在投标文件内按此格式设有内封面，并按此格式签署。】

一、已标价工程量清单内容

………………

二、投标报价书由投标人自行编制的,…………………

工程造价咨询机构在同一招标项目中,只能接受一个投标人的委托编制投标报价文件,否则其编制的投标报价文件无效。

【说明:已标价工程量清单格式(如计价软件)须通过湖南省建设工程造价管理总站测评的软件。】

第三部分　技术标部分格式

（本工程技术标为暗标）

投标文件技术标(施工组织设计)内容。

一、本工程技术标实行暗标,…………

二、暗标制作要求

…………

以上要求仅用于施工组织设计,并严格执行××号文件。

项目四　施工组织方案的设计

施工组织方案是用来指导施工项目全过程各项活动的技术、经济和组织的综合性文件，是施工技术与施工项目管理有机结合的产物，它能保证工程开工后施工活动有序、高效、科学、合理地进行，并安全施工。施工组织方案一般分为如下几个部分。

1.封面及目录。

2.编制依据。

3.工程概况。

4.施工部署。

5.施工进度计划。

6.施工准备与资源配置计划。

7.主要施工方案（分部分项施工方法及工艺要求）。

8.施工现场平面布置。

9.进度管理计划（措施）。

10.质量管理计划（措施）。

11.安全管理计划（措施）。

12.环境管理计划（措施）。

13.成本管理计划（措施）。

14.其他管理计划（措施）。

在实际中根据工程所处位置、合同要求等情况，可增设管理措施（计划），如成本管理计划、绿色施工管理计划、防火保安管理计划、合同管理计划、总承包管理计划、创奖管理计划、质量保修管理计划、施工平面布置管理计划、成品保护计划等。

本书依据《建筑施工组织设计规范》（GB/T 50502—2009）及相关工程的经验列出单位工程施工组织方案设计的基本框架和设计要点，供读者参考。

一、任务要求

根据工程项目的实际情况和规范编写施工组织方案。

二、技能目标

能够根据工程项目及法律法规的要求、国家和行业规范,按格式完成施工组织方案的编写。

三、范本及编制要点

(一)编制依据

【说明】应包括施工图纸、招标文件要求及最新的国家和行业规范,以及全国通用的施工定额标准和全国各工程的工期定额。

(二)工程概况

【说明】工程概况的内容应尽量采用图表进行说明。

1.工程概况应包括工程主要情况、各专业设计简介和工程施工条件等。

2.工程主要情况应包括下列内容。

(1)工程名称、性质和地理位置。

(2)工程的建设、勘察、设计、监理和总承包等相关单位的情况。

(3)工程承包范围和分包工程范围。

(4)施工合同、招标文件或总承包单位对工程施工的重点要求。

(5)其他应说明的情况。

3.各专业设计简介应包括下列内容。

(1)建筑设计简介应依据建设单位提供的建筑设计文件进行描述,包括建筑规模、建筑功能、建筑特点、建筑耐火、防水及节能要求等,并应简单描述工程的主要装修做法。

(2)结构设计简介应依据建设单位提供的结构设计文件进行描述,包括结构形式、地基基础形式、结构安全等级、抗震设防类别、主要结构构件类型及要求等。

(3)机电及设备安装专业设计简介应依据建设单位提供的各相关专业设计文件进行描述,包括给水、排水及采暖系统、通风与空调系统、电气系统、智能化系统、电梯等各个专业系统的做法要求。

4.工程施工条件应参照《建筑施工组织设计规范》(GB/T 50502—2009)规范第4.1.3条所列主要内容进行说明。

(三)施工部署

1.工程施工目标应根据施工合同、招标文件及本单位对工程管理目标的要求确定,包括进度、质量、安全、环境和成本等目标。各项目标应满足施工组织总设计中确定的总体目标。

【说明】当单位工程施工组织设计作为施工组织总设计的补充时，其各项目标的确立应同时满足施工组织总设计中确立的施工目标。

2. 施工部署中的进度安排和空间组织应符合的规定。

(1) 工程主要施工内容及其进度安排应明确说明，施工顺序应符合工序逻辑关系。

【说明】施工部署应对本单位工程的主要分部(分项)工程和专项工程的施工做出统筹安排，对施工过程的里程碑节点进行说明。

(2) 施工流水段应结合工程具体情况分阶段进行划分，单位工程施工阶段的划分一般包括地基基础、主体结构、装修装饰和机电设备安装三个阶段。

【说明】施工流水段划分应根据工程特点及工程量进行合理划分，并应说明划分依据及流水方向，确保均衡流水施工。

3. 对于工程施工的重点和难点应进行分析，包括组织管理和施工技术两个方面。

【说明】工程的重点和难点对于不同工程和不同企业具有一定的相对性，某些重点、难点工程的施工方法可能已通过有关专家论证成为企业工法或企业施工工艺标准，此时企业可直接引用。重点、难点工程的施工方法选择应着重考虑影响整个单位工程的分部(分项)工程，如工程量大、施工技术复杂或对工程质量起关键作用的分部(分项)工程。

4. 工程管理的组织机构形式应按照《建筑施工组织设计规范》(GB/T 50502—2009)第 4.2.3 条的规定执行，并确定项目经理部的工作岗位设置及其职责划分。

5. 对于工程施工中开发和使用的新技术、新工艺应做出部署，对新材料和新设备的使用应提出技术及管理要求。

6. 对主要分包工程施工单位的选择要求及管理方式应进行简要说明。

(四) 施工进度计划

1. 单位工程施工进度计划应按照施工部署的安排进行编制。

【说明】施工进度计划是施工部署在时间上的体现，反映了施工顺序和各个阶段工程进展情况，应均衡协调、科学安排。

2. 施工进度计划可采用网络图或横道图表示，并附必要说明；对于工程规模较大或较复杂的工程，宜采用网络图表示。

【说明】一般工程画横道图即可，对工程规模较大、工序比较复杂的工程宜采用网络图表示，通过对各类参数的计算，找出关键线路，选择最优方案。

(五) 施工准备与资源配置计划

1. 施工准备应包括技术准备、现场准备和资金准备等。

（1）技术准备应包括施工所需技术资料的准备、施工方案编制计划、试验检验及设备调试工作计划、样板制作计划等。

① 主要分部（分项）工程和专项工程在施工前应单独编制施工方案，施工方案可根据工程进展情况，分阶段编制完成；对需要编制的主要施工方案应制订编制计划。

② 试验检验及设备调试工作计划应根据现行规范、标准中的有关要求及工程规模、进度等实际情况制订。

③ 样板制作计划应根据施工合同或招标文件的要求并结合工程特点制订。

（2）现场准备应根据现场施工条件和实际需要，准备现场生产、生活等临时设施。

（3）资金准备应根据施工进度计划编制资金使用计划。

2.资源配置计划应包括劳动力计划和物资配置计划等。

（1）劳动力配置计划应包括下列内容。

① 确定各施工阶段用工量。

② 根据施工进度计划确定各施工阶段劳动力配置计划。

（2）物资配置计划应包括下列内容。

① 主要工程材料和设备的配置计划应根据施工进度计划确定，包括各施工阶段所需主要工程材料、设备的种类和数量。

② 工程施工主要周转材料和施工机具的配置计划应根据施工部署和施工进度计划确定，包括各施工阶段所需主要周转材料、施工机具的种类和数量。

（六）主要施工方案

1.单位工程应按照《建筑工程施工质量验收统一标准》（GB 50300—2013）中分部分项工程的划分原则，对主要分部分项工程制定施工方案。

2.对脚手架工程、起重吊装工程、临时用水用电工程、季节性施工等专项工程所采用的施工方案应进行必要的验算和说明。

（七）施工现场平面布置

1.施工现场平面布置图应参照《建筑施工组织设计规范》（GB/T 50502—2009）第 4.6.1 条和第 4.6.2 条的规定并结合施工组织总设计，按不同施工阶段分别绘制。

2.施工现场平面布置图应包括下列内容。

（1）工程施工场地状况。

（2）拟建建（构）筑物的位置、轮廓尺寸、层数等。

（3）工程施工现场的加工设施、存贮设施、办公和生活用房等的位置和面积。

（4）布置在工程施工现场的垂直运输设施、供电设施、供水供热设施、排水排污设施和临时施工道路等。

（5）施工现场必备的安全、消防、保卫和环境保护等设施。

(6) 相邻的地上、地下既有建(构)筑物及相关环境。

（八）进度管理计划

1.项目施工进度管理应按照项目施工的技术规律和合理的施工顺序,保证各工序在时间上和空间上的顺利衔接。

【说明】不同工程项目的施工技术规律和施工顺序不同。即使是同一类工程项目,其施工顺序也难以做到完全相同。因此必须根据工程特点,按照施工的技术规律和合理的组织关系,解决各工序在时间和空间上的先后顺序和搭接问题,以达到保证质量,安全施工,充分利用空间,争取时间,实现经济、合理安排进度的目的。

2.进度管理计划应包括下列内容。

（1）对项目施工进度计划进行逐级分解,通过阶段性目标的实现保证最终工期目标的完成。

【说明】在施工活动中通常是通过对最基础的分部(分项)工程的施工进度控制来保证各个单项(单位)工程或阶段工程进度控制目标的完成,进而实现项目施工进度控制总体目标;因而需要将总体进度计划进行一系列从总体到细部、从高层次到基础层次的层层分解,一直分解到在施工现场可以直接调度控制的分部(分项)工程或施工作业过程为止。

（2）建立施工进度管理的组织机构并明确职责,制定相应管理制度。

【说明】施工进度管理的组织机构是实现进度计划的组织保证,它既是施工进度计划的实施组织,又是施工进度计划的控制组织;既要承担进度计划实施赋予的生产管理和施工任务,又要承担进度控制目标,对进度控制负责,因此需要严格落实有关管理制度和职责。

（3）针对不同施工阶段的特点,制定进度管理的相应措施,包括施工组织措施、技术措施和合同措施等。

（4）建立施工进度动态管理机制,及时纠正施工过程中的进度偏差,并制定特殊情况下的赶工措施。

【说明】面对不断变化的客观条件,施工进度往往会产生偏差。当发生实际进度比计划进度超前或落后的情况时,控制系统就要做出应有的反应:分析偏差产生的原因,采取相应的措施,调整原来的计划,使施工活动在新的起点上按调整后的计划继续运行,如此循环往复,直至实现预期计划目标。

（5）根据项目周边环境特点,制订相应的协调措施,减少外部因素对施工进度的影响。

【说明】项目周边环境是影响施工进度的重要因素之一,其不可控性大,必须重视诸如环境扰民、交通组织和偶发意外等因素,采取相应的协调措施。

（九）质量管理计划

1.质量管理计划可参照《质量管理体系 要求》(GB/T 19001—2008),在施工单位质量管理体系的框架内编制。

【说明】施工单位应按照《质量管理体系 要求》(GB/T 19001—2008)建立本单位的质量管理体系文件,可以独立编制质量计划,也可以在施工组织设计中合并编制质量计划的内容。质量管理应按照 PDCA 循环模式,加强过程控制,通过持续改进提高工程质量。

2.质量管理计划应包括下列内容。

(1)按照项目具体要求确定质量目标并进行目标分解,质量指标应具有可测量性。

【说明】应制定具体的项目质量目标,质量目标应不低于工程合同明示的要求;质量目标应尽可能地量化和层层分解到最基层,建立阶段性目标。

(2)建立项目质量管理的组织机构并明确职责。

【说明】应明确质量管理组织机构中各重要岗位的职责,与质量有关的各岗位人员应具备与职责要求匹配的相应知识、能力和经验。

(3)制订符合项目特点的技术保障和资源保障措施,通过可靠的预防控制措施,保证质量目标的实现。

【说明】应采取各种有效措施,确保项目质量目标的实现。这些措施包含但不局限于:原材料、构配件、机具的要求和检验,主要的施工工艺、主要的质量标准和检验方法,夏期、冬期和雨期施工的技术措施,关键过程、特殊过程、重点工序的质量保证措施,成品、半成品的保护措施,工作场所环境及劳动力和资金保障措施等。

(4)建立质量过程检查制度,并对质量事故的处理做出相应规定。

【说明】按质量管理八项原则中的过程方法要求,将各项活动和相关资源作为过程进行管理,建立质量过程检查、验收及质量责任制等相关制度,对质量检查和验收标准作出规定,采取有效的纠正和预防措施,保障各工序和过程的质量。

（十）安全管理计划

1.安全管理计划可参照《职业健康安全管理体系 要求》(GB/T 28001—2011),在施工单位安全管理体系的框架内编制。

【说明】目前大多数施工单位基于《职业健康安全管理体系 要求》(GB/T 28001—2011)通过了职业健康安全管理体系的认证,建立了企业内部的安全管理体系。安全管理计划应在企业安全管理体系的框架内,针对项目的实际情况编制。

2.安全管理计划应包括下列内容。

(1)确定项目重要危险源,制订项目职业健康安全管理目标。

（2）建立有管理层次的项目安全管理组织机构并明确职责。

（3）根据项目特点，进行职业健康安全方面的资源配置。

（4）建立具有针对性的安全生产管理制度和职工安全教育培训制度。

（5）针对项目重要危险源，制订相应的安全技术措施；对达到一定规模、危险性较大的分部（分项）工程和特殊工种的作业应制订专项安全技术措施的编制计划。

（6）根据季节、气候的变化制订相应的季节性安全施工措施。

（7）建立现场安全检查制度，并对安全事故的处理作出相应规定。

【说明】建筑施工安全事故（危害）通常分为七大类：高处坠落、机械伤害、物体打击、坍塌倒塌、火灾爆炸、触电、窒息中毒。安全管理计划应针对项目具体情况，建立安全管理组织，制定相应的管理目标、管理制度、管理控制措施和应急预案等。

3.现场安全管理应符合国家和地方政府部门的要求。

（十一）环境管理计划

1.环境管理计划可参照《环境管理体系 要求及使用指南》（GB/T 24001—2004）在施工单位环境管理体系的框架内编制。

【说明】施工现场环境管理越来越受到建设单位和社会各界的重视，同时各地方政府也不断出台新的环境监管措施，环境管理计划已成为施工组织设计的重要组成部分。对于通过了环境管理体系认证的施工单位，环境管理计划应在企业环境管理体系的框架内，针对项目的实际情况编制。

2.环境管理计划应包括下列内容。

【说明】一般来讲，建筑工程常见的环境因素包括以下内容。

①大气污染。

②垃圾污染。

③建筑施工中建筑机械发出的噪声和强烈的振动。

④光污染。

⑤放射性污染。

⑥生产、生活污水排放。

应根据建筑工程各阶段的特点，依据分部（分项）工程进行环境因素的识别和评价，并制订相应的管理目标、控制措施和应急预案等。

（1）确定项目重要环境因素，制订项目环境管理目标。

（2）建立项目环境管理的组织机构并明确职责。

（3）根据项目特点进行环境保护方面的资源配置。

（4）制订现场环境保护的控制措施。

（5）建立现场环境检查制度，并对环境事故的处理作出相应的规定。

3.现场环境管理应符合国家和地方政府部门的要求。

（十二）成本管理计划

1.成本管理计划应以项目施工预算和施工进度计划为依据编制。

2.成本管理计划应包括下列内容。

（1）根据项目施工预算，制订项目施工成本目标。

（2）根据施工进度计划，对项目施工成本目标进行阶段分解。

（3）建立施工成本管理的组织机构并明确职责，制定相应管理制度。

（4）采取合理的技术、组织和合同等措施，控制施工成本。

（5）确定科学的成本分析方法，制订必要的纠偏措施和风险控制措施。

3.必须正确处理成本与进度、质量、安全和环境等之间的关系。

【说明】成本管理是与进度管理、质量管理、安全管理和环境管理等同时进行的，是针对整体施工目标系统所实施的管理活动的一个组成部分。在成本管理中，要协调好与进度、质量、安全和环境等的关系，不能片面强调成本节约。

（十三）其他管理计划

1.其他管理计划宜包括绿色施工管理计划、防火保安管理计划、合同管理计划、组织协调管理计划、创优质工程管理计划、质量保修管理计划及对施工现场人力资源、施工机具、材料设备等生产要素的管理计划等。

2.其他管理计划可根据项目的特点和复杂程度加以取舍。

3.各项管理计划的内容应有目标，有组织机构，有资源配置，有管理制度和技术、组织措施等。

模块四　工程造价专业毕业设计室外工作指导

一、顶岗实习的实施步骤

1.宣传动员阶段:学生在校的第五学期,由系部组织印发介绍信和施工现场顶岗实习学生安全责任合同(每人三份:一份交实习单位,一份交系部,一份自留),宣传顶岗实习的基本要求及注意事项,系部与学生签订顶岗实习安全协议。同时系部和校内指导教师动员学生积极联系实习单位,系部加强校企合作的沟通,力争在较多的大型施工企业建立"校外顶岗实习基地"。

2.学生领取"工程造价专业顶岗实习指导"。

3.第五学期期末,学生向各班班主任(或指导教师)递交实习单位联系登记表和安全责任合同(加盖实习单位公章),并由班主任统计出已联系好实习单位的人员和需要系部解决实习单位的人员名单,并将相关资料交到系部(要求递交的资料按班级花名册上的序号编号,以便于系部资料的整理)。

4.学生到施工单位实习阶段:学生必须向系部上交加盖实习单位公章的施工现场顶岗实习学生安全责任合同后方可离校实习,未联系好实习单位的学生由系部统一安排实习地点。

5.第六学期期末,学生回校递交以下顶岗实习相关资料。

(1)顶岗实习日志。

(2)顶岗实习报告。

(3)学生顶岗实习校外指导教师情况登记表。

6.成绩评定阶段:根据学生实习期间的表现和学生提交的实习资料,由企业导师和学校教师共同进行成绩评定。

二、顶岗实习的管理

(一)组织机构

总顾问:学校教学副院长。

组长:系主任(负责领导、协调、指挥)。

巡视检查:学校教务处和系部教师共同组成检查小组,小组名单如表 4-1 所示。

表 4-1　　　　　　　　　　　　　检查小组名单

组别及分区	检查小组及教师名单	备注
第一组:××地区	…	说明:每组第一人为组长,负责考勤和学生考评资料的收集
第二组:××地区	…	
…		

(二)顶岗实习对象

工程造价专业三年二期学生。

1.自己联系实习单位的学生需要向系部上交实习单位联系登记表及与实习单位签订的安全协议合同。

2.系部统一安排实习单位的学生按 4~5 名/工地,分配在全省范围内。

(三)教师工地指导安排

工程造价专业学生的顶岗实习实行"双导师"制:即要求学生所在施工企业项目部为学生安排一名现场指导教师,除此之外,学校和系部为每一小班配备一名经验丰富的专业教师。专业教师负责统计学生实习的基本情况,不定期(每周至少与每一位学生保持一次)通过电话或聊天软件与学生进行交流,为学生排忧解难,了解学生的实习情况并对其进行指导。学校指导教师每个月至少下工地指导学生一次。

三、顶岗实习的目的、内容与要求

(一)顶岗实习的目的

顶岗实习是学生在学完全部课堂教学内容后的重要实践性教学环节。通过顶岗实习,学生对所学的基础知识、专业知识进行全面的贯通,进一步巩固和加深理解所学的专业理论知识,开阔视野,扩大知识面,将理论知识与实际工程相结合,具有综合运用所学专业知识、独立完成职业岗位工作及解决工程实际问题的能力,进一步提高动手能力,达到预算员、资料员、施工员的岗位能力要求,实现零距离就业,为走上工作岗位打下坚实的基础。

顶岗实习应安排在二级以上建筑公司(或建筑类企业)的大、中型工业与民用建筑施工工地进行。通过顶岗实习,学生应达到以下目标。

1.知识目标。

掌握一般建筑工程的工程计量与计价文件的编制方法,掌握业内技术资料的整理和编制方法,掌握现场施工组织与施工管理等方面的专业知识。

2.能力目标。

能够应用所学的专业知识和技能,在建筑生产一线基层的技术及管理岗位从事与本专业相关的工作,具备顶岗工作的能力。

（二）顶岗实习的内容

顶岗实习的重点是现场的技术和管理工作,实习的主要内容为单位工程的基础工程、主体工程、防水工程、装饰工程等的施工技术和管理工作。主要包括以下方面。

1.工程预（结）算和工程招（投）标的文件编制。

2.分部分项工程及关键部位工序施工方案的制订。

3.制定相应的资料收集整理、保管制度。

4.能够进行施工组织活动,具有一定的组织、协调和管理能力。

5.技术交底及工程任务单、领料卡的签发工作。

6.建筑材料和建筑构件、配件的检验与管理工作。

7.进行相关的技术、安全、环保交底。

8.项目质量管理的有关业务知识及质量事故的处理工作。

9.施工安全技术、安全生产的有关规定与安全事故的处理工作。

10.参加单位工程的竣工验收及技术档案资料的整理工作。

11.参加图纸会审及技术核定工作。

12.学习编制单位工程施工组织设计和重要复杂的分部工程的施工方案工作。

13.学习编制与审核施工预算、工程造价工作。

14.学习编制劳动力及各种材料需用量计划工作。

15.参与现场的技术革新、试验等工作。

16.填写施工日志。

17.结束实习,索领实习鉴定表。

（三）顶岗实习的要求

1.顶岗实习期间,学生应以工程技术人员的身份参加现场的生产劳动和技术管理工作。

2.进入实习工地后,应首先熟悉现场,了解现场的管理机构和管理制度,熟悉图纸,了解工程项目的特点、特征及施工人员的组成情况。

3.遵守学校的各项规章制度和现场施工纪律与安全技术管理规定,不迟到、不早退,实习期间一般不准请假(确需请假,必须向实习指导教师和工地负责人请假,学校系部备案)。

4.在实习工地上,不准穿拖鞋、高跟鞋,不准在工地上打牌赌博。

5.在实习过程中,重点学习操作工艺、操作规程,掌握质量检验标准、方法及安全技术措施,了解工种工程施工的准备工作及现场管理的基本知识。

6.在劳动操作过程中,要在现场指导教师的指导下,认真学习操作方法,注意操作质量和操作安全。

7.实习期间,要勤学好问,不懂的问题要及时向现场指导教师或技术人员请教,学会理论联系实际。

8.在实习过程中,必须服从现场管理人员的管理、分工与指导,要不怕脏、不怕累,吃苦耐劳,保质、保量、按时完成施工任务。

9.劳动操作过程中,注意节约材料,爱护公物、工具,损坏财物按价赔偿。

10.实习期间,要和工人师傅打成一片,要尊重现场的所有人员。

11.掌握工程结构的施工特点,了解新材料、新工艺、新方法。

12.实习期间,要坚持写好顶岗实习周记,实习结束后要写好顶岗实习报告,顶岗实习周记与顶岗实习报告作为实习成绩评定的主要依据,缺一不可。

13.实习结束时,应将实习工地的各种资料、工具交还给实习工地负责人,严禁未经许可把工地的财物带走。

14.实习结束后,要进行顶岗实习汇报或答辩。

15.顶岗实习期间,每周至少与校内指导教师联系一次(电话联系、QQ联系、短信联系均可),否则,顶岗实习成绩按不及格处理。

四、学生顶岗实习安全生产规程

(一)安全生产实习六大纪律

1.进入现场必须戴好安全帽,扣好帽带,并正确使用个人劳动防护用品。

2.2 m以上的高处、悬空作业,无安全设施的,必须戴好安全帽,扣好保险钩,并在有关人员的监督下进行。

3.高处作业时,不准往下或往上乱抛材料、工具等物件。

4.各种电动机械设备必须有可靠、有效的安全接地和防雷装置,方能开动使用。

5.若不懂电气和机械原理,则严禁使用和玩弄机电设备。

6.吊装区域非操作人员严禁入内,吊装机械必须完好,把杆垂直下方不准站人。

（二）十项安全技术措施

1.按规定使用"三宝"。

2.机械设备防护装置一定要齐全、有效。

3.塔吊等超重设备必须有限位保险装置，不准"带病"运转，不准超负荷作业，不准在运转中维修、保养。

4.架设电线线路必须符合当地电业局的规定，电气设备必须全部接零、接地。

5.电动机械和手持机动工具要设置漏电掉闸装置。

6.脚手架材料及脚手架的搭设必须符合相关规程要求。

7.各种缆风绳及其设置必须符合相关规程要求。

8.在建工程的楼梯口、电梯口、预留口、通道口必须有防护设施。

9.严禁赤脚或穿高跟鞋、拖鞋进入施工现场，高空作业不准穿硬底和易滑的鞋靴。

10.施工现场的危险地区应设警戒标志，夜间要设红灯示警。

（三）防止违章和事故的十项操作要求

1.新工人须经三级安全教育，复工换岗人员须经安全岗位教育，不盲目操作。

2.特殊工种人员、机械操作工须经专门安全培训，无有效安全上岗操作证，不盲目操作。

3.施工环境和作业对象情况不清，施工前无安全措施或作业安全交底不清，不盲目操作。

4.新技术、新工艺、新设备、新材料、新岗位无安全措施，未进行安全培训教育、交底，不盲目操作。

5.安全帽和作业所必需的个人防护用品不落实，不盲目操作。

6.脚手架、吊篮、塔吊、井字架、龙门架、外用电梯、起重机械、电焊机、钢筋机械、木工平刨、圆盘锯、搅拌机、打桩机等设施设备和现浇混凝土模板支撑、搭设安装后，未经验收合格，不盲目操作。

7.作业场所安全防护措施不落实，安全隐患不排除，威胁人身和国家财产安全时，不盲目操作。

8.凡上级或管理干部违章指挥，有冒险指挥，有冒险情况时，不盲目操作。

9.高处作业、带电作业、禁火区作业、易燃易爆作业、爆破性作业、有中毒或窒息危险的作业和科研实验等其他危险作业的，均应由上级指派，并经安全交底；未经指派批准、未经安全交底和无安全防护措施，不盲目操作。

10.隐患未排除，有自己伤害自己、自己伤害他人、自己被他人伤害的不安全因素存在时,不盲目操作。

（四）施工现场行走或上下的"十不准"

1.不准从正在起吊、运吊中的物件下通过。

2.不准从高处往下跳或奔跑作业。

3.不准在没有防护的外墙和外壁板等建筑物上行走。

4.不准站在小推车等不稳定的物体上操作。

5.不得攀登起重臂、绳索、脚手架、井字架、龙门架和随同运料的吊盘及吊装物上下。

6.不准进入挂有"禁止出入"或没有危险警示标志的区域、场所。

7.不准穿硬底皮鞋和高跟鞋在工地行走。

8.不准在重要的运输通道或上下行走通道上逗留。

9.未经允许不准私自进入非本单位作业区域或管理区域,尤其是存有易燃、易爆物品的场所。

10.严禁在无照明设施、无足够采光条件的区域、场所内行走、逗留,不准无关人员进入施工现场。

（五）防止触电伤害的十项基本安全操作要求

根据安全用电"装得安全、拆得彻底、用得正确、修得及时"的基本要求,为防止触电伤害的操作要求如下。

1.非电工严禁拆接电气线路、插头、插座、电气设备、电灯等。

2.使用电气设备前必须检查线路、插头、插座、漏电保护装置是否完好。

3.电气线路或机具发生故障时,应找电工处理,非电工不得自行修理或排除故障。

4.使用振捣器等手持电动机械和其他电动机械从事湿作业时,要由电工接好电源,安装漏电保护器,操作者必须穿戴好绝缘手套后再进行作业。

5.搬迁或移动电气设备必须先切断电源。

6.严禁擅自使用电炉和其他电加热器。

7.禁止在电线上挂晒物料。

8.禁止使用照明器烘烤、取暖。

9.在架空输电线路附近工作时,应停止输电,不能停电时,应有隔离措施,要保持安全距离,防止触碰。

10.电线必须架空,不得在地面、施工楼面随意乱拖;若必须通过地面、楼面,则应有过路保护,物料、车、人不准压、踏、碾、磨电线。

（六）防止高处坠落、物体打击的十项基本安全要求

1.高处作业必须着装整齐，严禁穿硬塑料底等易滑鞋、高跟鞋，工具应随手放入工具袋。

2.高处作业人员严禁相互打闹，以免发生坠落。

3.在进行攀登作业时，攀登用具结构必须牢固、可靠，使用方法必须正确。

4.各类手持机具使用前应检查，确保安全、牢靠。洞口临边作业应防止物件坠落。

5.施工人员应从规定的通道上下，不得攀爬脚手架、跨越阳台，在非规定通道进行攀登、行走。

6.进行悬空作业时，应有牢靠的立足点并正确系挂安全带；现场应视具体情况配置防护栏网、栏杆或其他安全设施。

7.高处作业时，所有物料应该堆放平稳，不可放置在临边或洞口附近，并不可妨碍通行。

8.高处拆除作业时，拆卸下的物料、建筑垃圾都要清理和及时运走，不得在走道上任意放置或向下丢弃，保持作业走道畅通。

9.高处作业时，不准往下或向上乱抛材料和工具等物件。

10.各施工作业场所内，凡有坠落可能的任何物料，都应先行拆除或加以固定，拆卸作业要在设有禁区、有人监护的条件下进行。

（七）气割、电焊的"十不"规定

1.焊工必须持证上岗，无特种作业操作证的人员，不准进行焊、割作业。

2.凡属一、二、三级动火范围的焊、割作业，未经审批手续，不准进行焊、割作业。

3.焊工不了解焊、割现场周围情况，不得进行焊、割作业。

4.焊工不了解焊件内部是否完好时，不得进行焊、割作业。

5.各种装过可燃气体、易燃液体和有毒物质的容器，未经彻底清洗，排除危险性之前，不准进行焊、割作业。

6.用可燃材料做保温层、冷却层、隔热设备的部位，或火星能飞溅到的地方，在未采取切实、可靠的安全措施之前，不准进行焊、割作业。

7.有压力或密封的管道、容器，不准进行焊、割作业。

8.焊、割部位附近有易燃、易爆物品，在未清理或未采取有效的安全措施之前，不准进行焊、割作业。

9.附近有与明火作业相抵触的工种在作业时，不准进行焊、割作业。

10.与外单位相连的部位，在没有弄清有无险情，或明知存在危险而未采取有效措施

之前,不准进行焊、割作业。

（八）防止机械伤害的"一禁、二必须、三定、四不准"

1.不懂电器和机械的人员严禁使用和摆弄机电设备。

2.机电设备完好,必须有可靠、有效的安全防护装置。

3.机电设备停电、停工休息时必须拉闸关机,按要求上锁。

4.机电设备应做到定人操作,定人保养、检查。

5.机电设备应做到定机管理、定期保养。

6.机电设备应做到定岗位和岗位职责。

7.机电设备不准"带病"运转。

8.机电设备不准超负荷运转。

9.机电设备不准在运转时维修、保养。

10.机电设备运行时,操作人员不准将头、手、身伸入运转的机械行程范围内。

五、顶岗实习介绍信与实习鉴定表

顶岗实习介绍信

兹有我院_____系_____班学生_____前往贵单位进行顶岗实习,请给予支持,现将实习期间的有关事宜敬告如下:

1.实习时间: 年 月 日— 年 月 日。

2.实习内容详见"顶岗实习任务书""顶岗实习指导书"。

3.顶岗实习期间生活费用由学生自理,尚请贵单位给予适当照顾。

4.请贵单位委托一位工程管理人员或工程技术人员作为"实习指导教师",负责学生的实习工作安排及思想、业务上的指导。

5.请贵单位在学生实习结束时对学生的政治思想和业务水平及组织纪律方面如实作出鉴定,并填写在顶岗实习报告里。

感谢贵单位为教育事业所作的贡献!

此致

敬礼!

毕业(顶岗)实习鉴定表

姓名		性别		班级	
所属系			专业		

自我鉴定：

实习小组鉴定：

实习单位鉴定：

实习单位签章：

年　月　日

六、突发事件应急预案

为了确保学生校外顶岗实习期间的交通、生命、财产安全,维护正常校外顶岗实习的教学秩序,最大限度降低突发性事件的危害,根据中华人民共和国《国家突发公共卫生事件应急预案》的有关规定,结合顶岗实习具体情况,特制定本应急预案。

(一)成立突发事件应急预案领导小组

1. 领导小组组成。

组长:院长

副组长:副院长

组员:教务处处长、系主任、学工办主任、顶岗实习企业人事负责人、企业及学校指导教师。

2. 领导小组职责。

及时、准确地掌握实习学生突发应急预案动态,提出预防控制对策和措施,组织指挥实习学生交通、溺水、食物中毒、野外安全、坠落、社会不法分子绑架侮辱学生、疫病等预防工作,与有关部门密切配合,保证实习工作高效、有序地进行。

(二)成立临时现场指挥部

在实习地点,实习学生一旦发生突发事故,应立即成立临时现场指挥部,实习领队任总指挥,实习指导教师为成员。

实习学生一旦发生突发事故后,立刻启动现场指挥,由总指挥负责与实习单位的协调,并立即通知学校突发事件应急预案领导小组,现场实习指导教师负责报警(报警电话为120、119、110、112)、紧急救助、协调运输车辆等具体工作。

(三)岗前教育与管理

1. 实习开始前,系部组织学生进行安全教育,聘请专家进行施工安全专题培训,下发"工程造价专业顶岗实习指导",并由学工办负责指导实习学生认真学习,对实习学生进行安全教育,使学生掌握实习期间相关规定和在生产、生活、交通、饮食、用电等方面的安全知识,并在思想上形成比较系统的自我防护意识。

2. 实习指导教师负责学生顶岗实习全过程的监督与管理。

3. 实习指导教师需及时掌握动态,发现问题及时处置、及时上报,把工作做在事故发生之前,把问题消灭在萌芽状态。

(四)预案的启动

发生安全事故后应立即启动本预案。本预案根据事件性质和影响程度分为一、二、三、四级。

1. 四级预案启动。由实习指导教师启动。

（1）发生实习学生违反实习要求或实习单位规章制度的情况，未造成严重后果者，启动四级预案。

（2）处置程序：

①由相关实习点负责人直接与学生所在实习单位负责人联络协调，查清缘由，现场处理，做好相关记录。

②相关实习点负责人应做好事后协调和教育工作。

2. 三级预案的启动。由实习点负责人启动。

（1）发生学生与实习单位工作人员争吵、打架等纠纷，造成对立事态，启动三级预案。

（2）处置程序如下。

①由实习单位协助及时制止纠纷。

②如发生人身伤害，实习单位协助及时进行治疗。

③相关实习点负责人及时到实习单位了解具体情况，对给施工单位造的生产影响表示道歉，对学生进行深刻教育。

④如单位工作人员受伤，相关实习点负责人负责协调解决，并做好善后工作。

⑤如学生是造成纠纷的主要责任人，相关实习点负责人要对其进行严肃批评、教育，并做好记录，及时上报顶岗实习工作领导小组。

⑥顶岗实习工作领导小组应及时公布处理结果并存档。

3. 二级预案。由系主任启动。

（1）学生实习期间在岗位、交通、用电、生活等方面发生安全事故，受到轻度伤害，启动二级预案。

（2）处置程序如下。

①由实习单位第一时间协助救治，保证学生人身安全。

②相关实习点负责人及时赶到现场，负责学生治疗和思想安抚工作。

③相关实习点负责人做好记录，并及时将事件具体情况汇报顶岗实习工作领导小组，以便妥善处理。

④顶岗实习工作领导小组应及时公布处理结果并存档。

4. 一级预案。由顶岗实习工作领导小组组长、副组长启动。

（1）学生在实习期间发生严重人身受伤事件，启动一级预案。

（2）处置程序如下。

①由实习单位第一时间协助抢救学生。

②相关实习点负责人及时到达现场，协助救治学生，了解详细情况并做好记录。

③顶岗实习领导小组决策具体处理方案,并及时到现场处理,通知学生家长,做好安抚工作。

（五）调查与责任追究

（1）学生和教师违反学校顶岗实习管理办法,按情节分别给予纪律处分和行政处分,触犯法律的,依法承担民事责任或刑事责任。

（2）突发事故、事件处置结束后,参与事故、事件处置人员,应如实向有关部门陈述所知事实,并配合调查。故意隐瞒、歪曲事实真相,触犯刑法的,要依法追究刑事责任。

（六）事故、事件调查报告

突发事故、事件调查处理后,实习点负责人应编制"突发事故、事件报告",报送学校领导小组。报告应包括事故事件性质、发生原因分析、现场处置措施或方法、事故事件责任、纠正预防措施等。

（七）本预案自公布之日起执行,由突发事件应急预案领导小组负责解释

模块五　工程造价专业毕业设计考核标准

本书将工程造价专业的毕业设计分成了五个项目,考核方式为分模块考核,各模块的选用和权重,各院校老师可根据情况自行确定。

项目一　建筑工程施工图预算考核标准

该项目的考核成绩由平时考核、成果格式考核、成果内容考核三部分组成,各自比例分别为 30%、20%、50%。

1. 平时考核:在课程实训过程中,根据学生的出勤率、表现、提问解答等情况检查学生的学习态度、知识增量。

2. 成果格式考核:课程实训结束后,初步审查实训成果的格式,要求字迹工整、格式规范。

3. 成果内容考核:课程实训结束后,审查实训成果的内容,全面了解学生对知识的掌握、应用情况,要求内容完善、计算正确。

考核总成绩=平时考核成绩+成果格式考核成绩+成果内容考核成绩

考核总成绩 90~100 分评为优,80~89 分评为良,70~79 分评为中,60~69 分评为及格,59 分以下评为不及格。

4.评分标准。

考核项目	考核内容	分值	评分标准	备注
平时考核	出勤	10	满勤 10 分,缺席一次扣 1 分,两次迟到折算一次缺席,最高扣 30 分	有特殊情况办理请假手续的视为出勤
	工作作风	10	根据辅导交流、提问,考核学生积极思考、独立学习与作业的习惯,记 5~10 分	
	职业道德	10	根据辅导交流,考核学生的职业态度、职业道德,记 5~10 分	
	小计	30		
成果格式考核	编制施工图预算文件并装订成册	15	各项内容齐全记 20 分,基本分 10 分。工程量计算式、工程计价文件封面、计价文件扉页、总说明、单位工程费用计算表、单位工程工程量与造价表、清单项目直接费用预算表、清单项目人材机用量与单价表、清单项目费用计算表、单位工程人材机用量与单价表装订成册,内容完整美观,漏 1 项扣 1 分,扣至基本分为止	
	文件书写质量	5	文件书写质量记 5 分。质量较差,酌情扣分,扣至 0 分为止	
	小计	20		
成果内容考核	工程量计算单	15	书写工整,计算准确,分项及汇总清晰记 15 分;书写较好,计算较准确,分项及汇总较清晰,无严重错误记 12 分;计算有漏项,书写不清晰,结果有部分错误记 9 分;有严重漏项,结果有严重错误,书写潦草记 5 分	抄袭项按 0 分记
	工程计价文件封面、计价文件扉页填写	5	填写正确记 5 分,错一处扣 1 分,扣完为止	

考核项目	考核内容	分值	评分标准	备注
成果内容考核	总说明填写	5	项目完整记5分,漏一处扣1分,扣完为止	抄袭项按0分计
	单位工程费用计算表	5	汇总正确记5分,错一处扣1分,扣完为止	
	单位工程工程量与造价表、清单项目直接费用预算表、清单项目人材机用量与单价表、清单项目费用计算表填写	15	书写工整,计算准确,分项及汇总清晰记15分;书写较好,计算较准确,分项及汇总较清晰,无严重错误记12分;计算有漏项,书写不清晰,结果有部分错误记9分;有严重漏项,结果有严重错误,书写潦草记5分	
	单位工程人材机用量与单价表填写	5	汇总正确记5分,错一处扣1分,扣完为止	
	小计	50		
合计		100		

项目二 安装工程施工图预算考核标准

该项目的考核成绩由平时考核、成果格式考核、成果内容考核三部分组成,各自比例分别为30%、20%、50%。

1.平时考核:在课程实训过程中,根据学生的出勤率、表现、提问解答等情况检查学生的学习态度、知识增量。

2.成果格式考核:课程实训结束后,初步审查实训成果的格式,要求字迹工整、格式规范。

3.成果内容考核:课程实训结束后,审查实训成果的内容,全面了解学生对知识的掌握、应用情况,要求内容完善、计算正确。

考核总成绩＝平时考核成绩＋成果格式考核成绩＋成果内容考核成绩

考核总成绩90～100分评为优,80～89分评为良,70～79分评为中,60～69分评为及格,59分以下评为不及格。

4.评分标准。

考核项目	考核内容	分值	评分标准	备注
平时考核	出勤	10	满勤 10 分,缺席一次扣 1 分,两次迟到折算一次缺席,最高扣 30 分	有特殊情况办理请假手续的视为出勤
	工作作风	10	根据辅导交流、提问,考核学生积极思考、独立学习与作业的习惯,记 5~10 分	
	职业道德	10	根据辅导交流,考核学生的职业态度、职业道德,记 5~10 分	
	小计	30		
成果格式考核	编制施工图预算文件并装订成册	15	各项内容齐全记 20 分,基本分 10 分。工程量计算式、工程计价文件封面、计价文件扉页、总说明、单位工程费用计算表、单位工程工程量与造价表、清单项目直接费用预算表、清单项目人材机用量与单价表、清单项目费用计算表、单位工程人材机用量与单价表装订成册,内容完整美观,漏一项扣 1 分,扣至基本分为止	
	文件书写质量	5	文件书写质量记 5 分。质量较差,酌情扣分,至 0 分为止	
	小计	20		
成果内容考核	工程量计算单	15	书写工整,计算准确,分项及汇总清晰记 15 分;书写较好,计算较准确,分项及汇总较清晰,无严重错误记 12 分;计算有漏项,书写不清晰,结果有部分错误记 9 分;有严重漏项,结果有严重错误,书写潦草记 5 分	抄袭项按 0 分记
	工程计价文件封面、计价文件扉页填写	5	填写正确记 5 分,错一处扣 1 分,扣完为止	

续表

考核项目	考核内容	分值	评分标准	备注
成果内容考核	总说明填写	5	项目完整记5分,漏一处扣1分,扣完为止	抄袭项按0分记
	单位工程费用计算表	5	汇总正确记5分,错一处扣1分,扣完为止	
	单位工程工程量与造价表、清单项目直接费用预算表、清单项目人材机用量与单价表、清单项目费用计算表填写	15	书写工整,计算准确,分项及汇总清晰记15分;书写较好,计算较准确,分项及汇总较清晰,无严重错误记12分;计算有漏项,书写不清晰,结果有部分错误记9分;有严重漏项,结果有严重错误,书写潦草记5分。	
	单位工程人材机用量与单价表填写	5	汇总正确记5分,错一处扣1分,扣完为止	
	小计	50		
合计		100		

项目三　招标文件编制考核标准

该项目的考核成绩由平时考核、成果格式考核、成果内容考核三部分组成,各自比例分别为30%、20%、50%。

1.平时考核:在课程实训过程中,根据学生的出勤率、表现、提问解答等情况检查学生的学习态度、知识增量。

2.成果格式考核:课程实训结束后,初步审查实训成果的格式,要求字迹工整、格式规范。

3.成果内容考核:课程实训结束后,审查实训成果的内容,全面了解学生对知识的掌握、应用情况,要求内容完善、计算正确。

考核总成绩＝平时考核成绩＋成果格式考核成绩＋成果内容考核成绩

考核总成绩90～100分评为优,80～89分评为良,70～79分评为中,60～69分评为及格,59分以下评为不及格。

4.评分标准。

考核项目	考核内容	分值	评分标准	备注
平时考核	出勤	10	满勤 10 分,缺席一次扣 1 分,两次迟到折算一次缺席,最高扣 30 分	有特殊情况办理请假手续的视为出勤
	工作作风	10	根据辅导交流、提问,考核学生积极思考、独立学习与作业的习惯,记 5～10 分	
	职业道德	10	根据辅导交流,考核学生的职业态度、职业道德,记 5～10 分	
	小计	30		
成果格式考核	编制施工图预算文件并装订成册	15	各项内容齐全记 20 分,基本分 10 分。招标公告、投标须知、评标方式、合同条款及格式、工程量清单及图纸、施工标准及技术要求、投标文件格式等文件装订成册,内容完整美观,漏一项扣 1 分,扣至基本分为止	
	文件书写质量	5	文件书写质量记 5 分。质量较差,酌情扣分,至 0 分为止	
	小计	20		
成果内容考核	招标公告编写	5	内容完整记 5 分,漏一处扣 1 分,扣完为止	抄袭项按 0 分记
	投标须知编制	10	内容完整记 10 分,漏一处扣 1 分,扣完为止	
	评标方式编制	5	方式完整正确记 5 分,错漏一处扣 1 分,扣完为止	
	合同条款及格式编制	5	合同完整,格式正确记 5 分,错漏一处扣 1 分,扣完为止	

考核项目	考核内容	分值	评分标准	备注
成果内容考核	工程量清单及图纸	15	书写工整,计算准确,分项及汇总清晰记15分;书写较好,计算较准确,分项及汇总较清晰,无严重错误记12分;计算有漏项,书写不清晰,结果有部分错误记9分;有严重漏项,结果有严重错误,书写潦草记5分	抄袭项按0分记
	施工标准及技术要求	5	内容完整记5分,漏一处扣1分,扣完为止	
	投标文件格式	5	内容完整记5分,漏一处扣1分,扣完为止	
	小计	50		
合计		100		

项目四　施工组织方案考核标准

该项目的考核成绩由平时考核、成果格式考核、成果内容考核三部分组成,各自比例分别为30%、20%、50%。

1.平时考核:在课程实训过程中,根据学生的出勤率、表现、提问解答等情况检查学生的学习态度、知识增量。

2.成果格式考核:课程实训结束后,初步审查实训成果的格式,要求字迹工整、格式规范。

3.成果内容考核:课程实训结束后,审查实训成果的内容,全面了解学生对知识的掌握、应用情况,要求内容完善、计算正确。

考核总成绩＝平时考核成绩＋成果格式考核成绩＋成果内容考核成绩

考核总成绩90～100分评为优,80～89分评为良,70～79分评为中,60～69分评为及格,59分以下评为不及格。

4.评分标准。

考核项目	考核内容	分值	评分标准	备注
平时考核	出勤	10	满勤 10 分,缺席一次扣 1 分,两次迟到折算一次缺席,最高扣 30 分	有特殊情况办理请假手续的视为出勤
	工作作风	10	根据辅导交流、提问,考核学生积极思考、独立学习与作业的习惯,记 5~10 分	
	职业道德	10	根据辅导交流,考核学生的职业态度、职业道德,记 5~10 分	
	小计	30		
成果格式考核	编制工程概况、施工方案、施工进度计划编制计算资料、技术组织措施、装订成册	10	各项内容齐全记基本分 5 分。工程概况、施工方案、施工进度计划编制计算资料、技术组织措施、装订成册等内容完整美观,漏一项扣 1 分,扣至基本分为止	
	图面质量	10	图面质量记基本分 5 分。图面质量每一项不合格扣 1 分,扣至基本分为止	
	小计	20		
成果内容考核	工程概况	4	工程特点(1 分)、设计概况(1 分)、地点特征(1 分)、施工特点分析(1 分),错一项扣该项得分	抄袭项按 0 分记
	施工方案	12	施工顺序(2 分)、施工起点及流向(2 分)、施工段划分(2 分)、分部分项工程施工顺序(2 分)、施工方法与施工机械选择(2 分)、分部分项工程施工技术措施(2 分),错一项扣该项得分	
	技术组织措施	5	质量措施(1 分)、进度措施(1 分)、安全施工措施(1 分)、降低成本措施(1 分)、文明施工措施(1 分),错一项扣该项得分	

考核项目	考核内容	分值	评分标准	备注
成果内容考核	横道图进度计划	12	分部分项工程列项正确(2分)、参数计算正确(2分)、基础分部安排合理(2分)、主体分部安排合理(2分)、屋面分部安排合理(1分)、装饰分部安排合理(2分)、劳动力消耗动态曲线(1分)、错一项扣该项得分	抄袭项按0分记
	双代号网络图计算时间参数、标注关键线路、网络图进度计划绘制	8	逻辑关系正确(2分),错一处扣1分,扣完为止;时间参数正确(2分),错一处扣1分,扣完为止;关键线路标注正确(2分);网络图进度计划绘制(2分)	
	施工现场平面布置图	8	布图合理,按比例绘制(4分),内容充实(4分),垂直运输机械、材料加工、堆放场地、施工用道路、临时设施等布置合理(一项错误扣1分,扣完为止)	
	封面	1	封面1分	
	小计	50		
合计		100		

项目五　顶岗实习考核标准

顶岗实习考核包括工地实习企业指导教师评语和学校实习指导教师对实习成绩的评定两部分。

一、工地实习企业指导教师评语

实习结束后,工地实习指导教师根据学生在施工现场实习时理论联系实际的情况、分析问题与解决问题的能力,并结合工地实际表现、工作态度、遵守纪律与规章制度的情况,在实习成绩表中写出评语。评语要求实事求是和一分为二,在肯定成绩的同时,亦要指出不足和今后努力的方向。评语及意见应加盖公章,由学生带回学校,学生返校后连同实习日记和实习报告一并交至班主任教师处,再由班主任教师按成绩册上的序号整理并编好号后交系办公室。工地实习企业指导教师评语是学生实习成绩评定的依据之一。

二、学校实习指导教师对实习成绩的评定

学校实习指导教师依据工地实习指导教评师语、实习日记、实习报告情况和顶岗实习汇报情况(可用 PPT 展示),确定最终实习成绩,实习成绩按五级评定(优、良、中、及格、不及格)。

1.实习成绩评定依据。

(1)实习报告。

(2)实习日记。

(3)工地实习企业指导教师评语和给出的成绩。

(4)学校指导教师评语和给出的成绩。

2.实习成绩评定标准。

(1)评为"优"的条件。

①实习报告内容完整,有 1～2 个主要工种工程施工全过程的书面总结,有施工组织设计文件拟定或执行情况的调查或现场生产管理调查报告,有对实习内容的认识和体会。

②实习单位反映好。

③实习日记完整,记录清楚、真实。

④顶岗实习汇报材料图文并茂,汇报清晰、流利。

(2)评为"良"的条件。

①实习日记完整,记录清楚。

②实习报告内容基本完整,有 1～2 个工种工程施工全过程的书面总结,有对实习内容的认识和体会。

③实习单位反映好。

④顶岗实习汇报材料完整,汇报流利。

(3)评为"中"的条件。

①实习日记完整,记录清楚。

②实习报告内容基本完整,有 1～2 个工种工程施工全过程的书面总结。

③单位反映好。

④完成顶岗实习汇报材料和汇报展示。

（4）评为"及格"的条件。

①实习日记完整，记录尚清楚。

②实习报告只有一个工种工程施工全过程的书面总结。

③实习单位反映较好。

④完成顶岗实习汇报材料和汇报展示。

（5）具有下列情况之一者定为"不及格"。

①实习日记不完整，或缺少 1/3 以上的实习日记或无实习报告。

②实习单位反映不好。

③在生产实习中严重违纪和弄虚作假，抄袭他人实习成果。

④未完成顶岗实习汇报材料，不参加汇报展示。

参 考 文 献

［1］易红霞,周金菊.建筑工程计量与计价.长沙:中南大学出版社,2015.

［2］孙光远,常爱萍,陈健玲.安装工程计量与计价.长沙:中南大学出版社,2016.

［3］中华人民共和国住房和城乡建设部,中华人民共和国国家质量监督检验检疫总局.
GB 50500—2013 建设工程工程量清单计价规范.北京:中国计划出版社,2013.

［4］中华人民共和国住房和城乡建设部,中华人民共和国国家质量监督检验检疫总局.
GB 50854—2013 房屋建筑与装饰工程工程量计算规范.北京:中国计划出版
社,2013.

［5］中华人民共和国住房和城乡建设部,中华人民共和国国家质量监督检验检疫总局.
GB 50856—2013 通用安装工程工程量计算规范.北京:中国计划出版社,2013.

［6］中华人民共和国住房和城乡建设部,中华人民共和国国家质量监督检验检疫总局.
GB/T 50502—2009 建筑施工组织设计规范.北京:中国建筑工业出版社,2009.

［7］中华人民共和国招标投标法实施条例.北京:中国法制出版社,2011.